Lukas Liem

Reklamationsmanagement

Entwicklung und Einführung am
Beispiel einer Krankenversicherung

Liem, Lukas: Reklamationsmanagement: Entwicklung und Einführung am Beispiel
einer Krankenversicherung, Hamburg, Igel Verlag RWS 2014

Buch-ISBN: 978-3-95485-067-9
PDF-eBook-ISBN: 978-3-95485-567-4
Druck/Herstellung: Igel Verlag RWS, Hamburg, 2014

Bibliografische Information der Deutschen Nationalbibliothek:
Die Deutsche Nationalbibliothek verzeichnet diese Publikation in der Deutschen
Nationalbibliografie; detaillierte bibliografische Daten sind im Internet über
http://dnb.d-nb.de abrufbar.

Das Werk einschließlich aller seiner Teile ist urheberrechtlich geschützt. Jede Verwertung
außerhalb der Grenzen des Urheberrechtsgesetzes ist ohne Zustimmung des Verlages
unzulässig und strafbar. Dies gilt insbesondere für Vervielfältigungen, Übersetzungen,
Mikroverfilmungen und die Einspeicherung und Bearbeitung in elektronischen Systemen.

Die Wiedergabe von Gebrauchsnamen, Handelsnamen, Warenbezeichnungen usw. in
diesem Werk berechtigt auch ohne besondere Kennzeichnung nicht zu der Annahme,
dass solche Namen im Sinne der Warenzeichen- und Markenschutz-Gesetzgebung als frei
zu betrachten wären und daher von jedermann benutzt werden dürften.

Die Informationen in diesem Werk wurden mit Sorgfalt erarbeitet. Dennoch können
Fehler nicht vollständig ausgeschlossen werden und die Diplomica Verlag GmbH, die
Autoren oder Übersetzer übernehmen keine juristische Verantwortung oder irgendeine
Haftung für evtl. verbliebene fehlerhafte Angaben und deren Folgen.

Alle Rechte vorbehalten

© Igel Verlag RWS, Imprint der Diplomica Verlag GmbH
Hermannstal 119k, 22119 Hamburg
http://www.diplomica.de, Hamburg 2014
Printed in Germany

VORWORT

„Kundenorientierung heißt, eine Sprache zu sprechen, die der Kunde[1] versteht." Diese Aussage einer Mitarbeiterin im Kundendienst trifft den Kern punktgenau und ist für mich eine optimale Ausgangslage für meine Studie im Bereich des Beschwerdemanagements. Daß dieser Leitsatz nicht immer von allen Mitarbeitenden befolgt wird, ist leider eine etablierte Tatsache und führt nicht zuletzt zu Beschwerden. Das gleiche gilt selbst auch in der Bearbeitung von Beschwerden. Entsprechend gibt es viel ungenutztes Potenzial in der Kundenorientierung und Kundenbindung welches erfolgsbringend zum ‚Ernten' bereit liegen würde.
Dadurch wurde ich angespornt und motiviert zum Thema systematisches Beschwerdemanagement ein Buch zu schreiben.

Durch die intensive Auseinandersetzung mit dem Thema ist das Ergebnis nicht nur die vorliegende Buch – sondern ich kann auch viele fachliche und persönliche Erkenntnisse auf meinen weiteren Weg mitnehmen.

Herzlich bedanke ich mich bei meinem damaligen Arbeitgeber Sanitas Krankenversicherung Zürich für die Möglichkeit ein aktuelles Projektthema im Rahmen dieses Buches zu bearbeiten und bei der Geschäftsleitung und weiteren Schlüsselpersonen eine Umfrage durchzuführen. Herzlichen Dank auch an den CEO O. Bitterli für die Bewilligung die Sanitas Krankenversicherung im Buch namentlich aufführen zu dürfen.

Zum Schluß bedanke ich mich ganz besonders bei meiner Familie, mit meiner Ehefrau Viktorija und unseren Kindern Darius, Jessica und Joel, welche mich mit großem Verständnis und Entgegenkommen unterstützte.

Hergiswil, Mai 2010 / Lukas Liem

---

[1] Bei allen in diesem Buch verwendeten Bezeichnungen ist die weibliche Form mitgedacht und der Einfachheit halber nur die männliche Form verwendet.

MANAGEMENT SUMMARY

Das Reklamationsmanagement ist in einer Unternehmung, insbesondere in einem gesättigten Binnenmarkt, von strategischer Bedeutung. Die Ist-Situation in der erwähnten Krankenversicherung namens Sanitas Krankenversicherung könnte zurzeit als ein situatives Reklamationsmanagement mit Mängeln in der Koordination beschrieben werden. Das Konzept stammt aus dem Jahr 2005 und ist auf Grund von Fusionen in den Köpfen der Mitarbeitenden nicht mehr präsent.

Mit diesem Buch möchte der Autor den Nutzen und die Besonderheiten eines systematischen Reklamationsmanagements in einer Krankenversicherung aufzeigen.

Im Rahmen dieser Studie wurden folgende **Fragestellungen** bearbeitet?

- Wie soll ein systematisches Reklamationsmanagement in einer mittelgroßen schweizerischen Krankenversicherung (mit öffentlich-rechtlichem Auftrag und privatrechtlicher Unterstellung) gestaltet und organisatorisch angesiedelt werden, damit die Aufgaben des Reklamationsmanagements in einem optimalen Aufwand/Nutzen-Verhältnis erfüllt werden können?
- Welchen Beitrag leistet ein systematisches Reklamationsmanagement zur Kundenbindung?
- Mit welchen Einführungsempfehlungen kann schnell eine maximale Wirkung erzielt werden?

Hiervon ließen sich folgende **Hypothesen** ableiten und wurden im Rahmen dieser Studie überprüft:

- Ein systematisches Reklamationsmanagement hat eine strategische Bedeutung und liefert einen relevanten Beitrag zum Erfolg eines Unternehmens.
- Systematisches Reklamationsmanagement ist ein entscheidender Faktor in der Kundenorientierung und trägt maßgeblich zur Kundenbindung bei.
- Systematischer und professioneller Umgang mit Reklamationen bindet Kunden an die Unternehmung, steigert die Kundentreue und die Weiterempfehlungen.

Es gibt sie noch, die netten Kunden – Kunden, die keinen Ärger machen, die höflich und zuvorkommend sind, die aber wegen ihrer Unzufriedenheit einfach abwandern und für immer verloren sind. Angesichts generell sinkender Kundenloyalität ist zudem anzunehmen, daß die Zahl dieser, einfach abwandernden, Kunden weiter zunimmt. Deshalb steigt die Notwendigkeit für Unternehmen, ein konsequentes Kundenbeziehungs- und Kundenbindungsmanagement zu betreiben. Die zukunftsorientierten Unternehmen müssen sich kompromißlos bemühen, Kundenzufriedenheit zu erreichen und Kunden<u>un</u>zufriedenheit zu vermeiden. Hierfür müssen sie ein professionelles Beschwerdemanagement installieren und unzufriedene Kunden ermutigen, sich mit einer Beschwerde direkt an das Unternehmen zu wenden.

Beschwerdemanagement beginnt grundsätzlich nicht am Computer, sondern in den Köpfen der Mitarbeiter. Dennoch ist eine Integration in eine CRM-Strategie und in die technischen CRM-Strukturen zwingende Voraussetzung für ein systematisches unternehmensweites und wohlstrukturiertes Beschwerdemanagement. Dabei ist die Nutzung der Analyseergebnisse für ein proaktives Qualitätsmanagement mitentscheidend für eine erhöhte Kundenzufriedenheit und langfristige Kundenbindung. Für viele Unternehmen ist es daher von großem Nutzen ein systematisches und gut integriertes Beschwerdemanagement einzuführen.

Je nach primärer Zielrichtung wird beim Beschwerdemanagement unter vier **Strategietypen** unterschieden: Complaint Factory (Beschwerdefabrik), Relationship Amplifier (Beziehungsverstärker), Quality Control (Qualitätssicherer) und Customer Satisfaction Lab (Zufriedenheits-Labor). Daraus lassen sich auch hybride Strategien bilden.

Folgende **Hauptziele** des Beschwerdemanagements sind anzustreben:
1. Die Wettbewerbsfähigkeit und den Gewinn des Unternehmens zu erhalten und auszubauen,
2. Die Kundenzufriedenheit und damit die Kundenbindung zu verbessern beziehungsweise auf hohem Niveau zu sichern und
3. Hinweise auf betriebliche Schwächen als proaktives Qualitätsmanagement zu nutzen.

Die Ziele des Beschwerdemanagements lassen sich nur erreichen, wenn eine Reihe wesentlicher Aufgaben erfüllt wird, die sich entweder dem **direkten** oder dem **indirekten Beschwerdemanagementprozess** zuordnen lassen.

Das Beschwerdemanagement kennt zwei **Hauptaufgaben**:
1. Verantwortung wahrnehmen für den Umgang mit den unzufriedenen Kunden. Die Beschwerdeführer sollen durch die Maßnahmen des direkten Beschwerdemanagementprozess zufriedengestellt und gebunden werden.
2. Verantwortung für die unternehmerische Erschließung der in Beschwerden enthaltenen Informationen für eine Verbesserung von Produkten und Prozessen wahrnehmen, woraus sich ein weiteres strategisches Potenzial für das Qualitätsmanagement ergibt.

Der **Nutzen** läßt sich mit folgenden Zitat treffend erklären: „Eine Reklamation ist gewissermaßen eine kostenlose Unternehmensberatung. Und zwar von Beratern, die Ihr Unternehmen vielfach besser kennen als ein Unternehmensberater." (Kenzelmann, 2008, S. 115)

Im **Beschwerdefall** wollen die Kunden sich erleichtern, emotional ernst genommen, freundlich und wertschätzend behandelt werden. Erfolgreiche Beschwerdegespräche bestehen in der Anwendung der hohen Kunst der emotionalen Intelligenz und kommunikativen Kompetenz. Wenn dem reklamierenden Kunden mehr als erwartet entgegengekommen wird, bleibt nicht der Grund der Reklamation in Erinnerung, sondern die schnelle und kompetente Lösung und Wiedergutmachung. Bei Kleinigkeiten ist das „Nachgeben" die intelligenteste Verhaltensweise, auch wenn man kurzfristig als Verlierer gelten könnte. Langfristig zahlt sich ein eher großzügiges Verhalten aus. Der „Kompromiß" (beide gewinnen ein wenig und beide verlieren ein wenig) ist die zweitbeste Lösung. Die „kooperative Konfliktlösung" ist bei schwerwiegenden Sachverhalten (zum Beispiel bei großen Geldsummen oder Fragen von großer Bedeutung) diejenige mit der größten Chance auf langfristige Kundenbindung. Die Beschwerdebearbeitung soll durch eine geeignete Software in der Effizienz und im Controlling unterstützen.

Das „**direkte Beschwerdegespräch**" gliedert sich in folgende fünf Stufen: 1. Gesprächseröffnung, 2. Entspannung der Situation, 3. Klärung der Sachlage, 4. Problemlösung und 5. Abschluß. Das Beschwerdegespräch kennt ein Ziel: Eine win-win-Situation. Erst wenn diese geschaffen ist, wird der Kunde wiederkommen resp. bleibt dem Unternehmen treu. Hier liegt das große Verdienst eines positiv eingestellten und kompetenten Kundencoach in einem gut funktionierenden systematischen Beschwerdemanagement. Dabei gilt zu beachten: Vertrauen entsteht nur, wenn Mitarbeiter, die den direkten Kontakt mit Kunden haben, voll zum Unternehmen, dessen Produkten sowie zu ihren Kollegen stehen. Ist man dabei mit Extremforderungen oder Drohungen konfrontiert geht es nicht nur darum, ob diese gerechtfertigt oder gefährlich sind. Sondern ist hier vielmehr eine kurze, aber umfassende Analyse mit Hilfe des Fragenchecks nötig, um adäquat reagieren zu können. Damit weder leichtfertig Kundensympathien verscherzt noch das eigene Unternehmen und seine Mitarbeiter geschädigt werden.

Beschwerden können **auf allen Kanälen** an das Unternehmen getragen werden. Das Telefon ist immer noch der wichtigste Kommunikationskanal. Daher sollte in die Telefonorganisation, in die Stimme und Sprache investiert werden, denn diese werden einen Großteil des Erfolgs im Beschwerdemanagement bestimmen. Brieflich geäußerte Beschwerden sind Gold wert. Aber man muß als Kundencoach und Unternehmen bereit sein, genau hinzuschauen. In jedem Brief findet man mindestens einen Hinweis auf eine Schwachstelle. Manchmal steckt der Verbesserungsvorschlag in einem Nebensatz, manchmal ist der ganze Brief eine Offenbarung, für die man erst einmal aufwendige Testkäufe und Testanrufe betreiben oder einer Unternehmensberatung viel Geld zahlen müßte. Das Zusammenspiel von Medien und kompetenten Mitarbeitern ist heute das A und O. Die E-Mail wird insbesondere durch die Möglichkeit des Scannens und der qualifizierten elektronischen Signatur zunehmend die briefliche Kommunikation verdrängen. Entsprechend soll der Umgang mit E-Mails professionalisiert werden. Im Weiteren gewinnt das Internet als Beschwerdekanal (Kontaktformular, Blog) an Bedeutung.

Die **Einführung eines systematischen Beschwerdemanagements** ist sorgfältig zu planen und durchzuführen. Dabei kann man sich an dem Phasenmodell eines idealtypischen Implementierungsverlaufs nach Gierl (2000, S. 184) orientieren.

Beschwerdemanagement-Konzept für die Sanitas
Mit einer **Umfrage** bei ausgesuchten Personen der Geschäftsleitung und der Direktion wurde die Notwendigkeit und Wunsch nach einer Entwicklung und Implementierung eines systematischen Beschwerdemanagements in der Sanitas sehr deutlich nachgewiesen und bestätigt.
Folgende Beschwerdestufen werden in der Praxis unterschieden:

- *Einfache Beschwerden* (Trivialbeschwerden)
- *Komplexe Beschwerden*
- *Direktionsbeschwerden*
- *Eskalierende Beschwerden*

Organisatorisch ist aus Sicht des Autors ein **duales** System zu empfehlen. Dabei werden einfache Beschwerden nach Möglichkeit am Ort des Eingangs (in der Regel Service-Center) erledigt. Via E-Mail und Internet eingehende Beschwerden werden durch ein zentrales Beschwerde-Center bearbeitet. Komplexe, eskalierende und Direktions-Beschwerden werden im Beschwerde-Center bearbeitet, unter Einbezug der entsprechenden Stellen.

Der **Datenschutz** und die Datensicherheit haben den gesetzlichen und internen Anforderungen zu genügen. Konkret bedeutet dies, daß alle eingegangenen Beschwerden vertraulich behandelt werden, Auskünfte an Drittpersonen darf nur mit entsprechender schriftlich vorliegender Vollmacht erfolgen und zur Erstellung von Statistiken werden die Beschwerden in einer anonymisierten Form aufgenommen.

Zur **Entwicklung im Detail und Einführung eines systematischen Beschwerdemanagements** in der Sanitas wird zwingend ein Einführungsprojekt benötigt. Dieses wird voraussichtlich gegen Ende 2010 gestartet und findet im Jahre 2011 seinen Abschluß mit der flächendeckenden Einführung.

INHALTSVERZEICHNIS

VORWORT 1
MANAGEMENT SUMMARY 2
1. EINLEITUNG 9
2. KURZVORSTELLUNG der Sanitas Krankenversicherung 11
3. SYSTEMATISCHES BESCHWERDEMANAGEMENT 12
   3.1   Einführung in das Beschwerdemanagement 12
      3.1.1   Herausforderung der Zukunft 13
      3.1.2   Basisstrategien des Beschwerdemanagements 15
      3.1.3   Ziele und Aufgaben des Beschwerdemanagements 18
      3.1.4   Beschwerdemanagementprozess 20
      3.1.5   Der Nutzen von Beschwerdemanagement 20
      3.1.6   Entstehung und Dimensionen von Beschwerdezufriedenheit 23
      3.1.7   Erwartungen von Kunden 24
      3.1.8   Die Rolle des Kundencoach 27
      3.1.9   Beschwerdemanagement nach der Norm: DIN ISO 10002:2004 ... 28
   3.2   Beschwerden systematisch und strategisch managen 28
      3.2.1   Beschwerden systematisch annehmen, bearbeiten und auswerten ... 29
      3.2.2   Beschwerdemanagement optimieren – Beschwerden minimieren ... 35
      3.2.3   Die personalpolitische Dimension 37
      3.2.4   Instrumente zur Gesprächsvorbereitung und Gesprächsnachbereitung, sowie zur Beschwerdeanalyse 38
   3.3   Psychologie des Beschwerdemanagements 38
      3.3.1   Emotionale Intelligenz und Empathie 39
      3.3.2   Gewaltfreie Kommunikation 40
      3.3.3   Konfliktfähigkeit 42
      3.3.4   Vertrauen 45
   3.4   Organisatorische Aspekte des Beschwerdemanagements 46
      3.4.1   Zentrales, dezentrales oder duales Beschwerdemanagement 46
      3.4.2   Die Organisationseinheit Beschwerdemanagement / Beschwerde-Center ... 48
      3.4.3   Einordnung des Beschwerdemanagements in die unternehmerische Organisationsstruktur und ihre Kompetenzen 51
   3.5   Technologische Aspekte des Beschwerdemanagements 53
      3.5.1   Funktionale Anforderungen an eine Beschwerdemanagement-Software ... 54
   3.6   Beschwerdegespräche in der Praxis 55
      3.6.1   Die 5 Stufen des Beschwerdegesprächs 55
      3.6.2   Exzellente Kommunikation mit NLP 62
      3.6.3   Die häufigsten Fehler in einem Beschwerdegespräch 65
   3.7   Besondere Situationen meistern 67
      3.7.1   Auf Einwände reagieren 68
      3.7.2   Forderung von Preisnachlässen 71
      3.7.3   Übertriebene Ansprüche 72
      3.7.4   Kundentypen 75
      3.7.5   Grenzen ziehen 76
   3.8   Die wichtigsten Kommunikations-Kanälen bei Beschwerden 78
      3.8.1   Telefon 78
      3.8.2   Briefpost 82
      3.8.3   E-Mail 84
      3.8.4   Internet 85

3.9	Implementierung von systematischem Beschwerdemanagement	87
4.	BESCHWERDEMANAGEMENT-KONZEPT FÜR DIE SANITAS	89
4.1	Vorbemerkung	89
4.2	Befragung zum strategischen Beschwerdemanagement in der Sanitas	89
4.3	Strategiebezug und Ziele	90
4.3.1	Strategiebezug	90
4.3.2	Ziele	91
4.4	Unsere Spielregeln im Beschwerdemanagement	91
4.5	Beschwerdestufen und ihre zuständigen Organisationseinheiten	92
4.5.1	Beschwerdestufen	92
4.5.2	Beschwerdebearbeitungs-Matrix	94
4.6	Außerordentliche Leistungen	94
4.7	Formulare und Checklisten für die Beschwerdebearbeitung	96
4.8	Organisation des Beschwerdemanagements	96
4.8.1	Variante 1: zentrale Beschwerdemanagement-Organisation	96
4.8.2	Variante 2: duale Beschwerdemanagement-Organisation	97
4.8.3	Empfehlung	97
4.9	Personelle Umsetzung	98
4.9.1	Anforderungsprofil Kundencoach	99
4.9.2	Aufgaben, Kompetenzen und Verantwortung des Beschwerde-Center	99
4.9.3	Führung des Beschwerdemanagements	100
4.10	Prozesse des Sanitas-Beschwerdemanagements	101
4.11	Anpassungen in den IT-Systemen	101
4.11.1	Internet-Kontaktformular	102
4.11.2	E-Mail-Adresse für Beschwerden	103
4.11.3	Tool zum Management von Beschwerden	103
4.12	Datenschutz und Datensicherheit	103
4.13	Umsetzung des neuen systematischen Beschwerdemanagements	103
5.	SCHLUSSBEMERKUNG UND AUSBLICK	106
5.1	Überprüfung der Fragestellung und der Hypothesen	106
5.2	Ausblick	107
LITERATURVERZEICHNIS		108
ABBILDUNGSVERZEICHNIS		110
ANHANG		111
Anhang 1: Glossar		111
Anhang 2: diverse Checklisten		115
Anhang 3: Fragebogen strategisches Beschwerdemanagement		117

1. EINLEITUNG

Das Reklamationsmanagement ist in einer Unternehmung, insbesondere in einem gesättigten Binnenmarkt, von strategischer Bedeutung. Die Ist-Situation in der erwähnten Krankenversicherung namens Sanitas Krankenversicherung könnte zurzeit als ein situatives Reklamationsmanagement mit Mängeln in der Koordination beschrieben werden. Das Konzept stammt aus dem Jahr 2005 und ist auf Grund von Fusionen in den Köpfen der Mitarbeitenden nicht mehr präsent. Mit dieser Studie möchte der Autor den Nutzen und die Besonderheiten eines systematischen Reklamationsmanagements in einer Krankenversicherung aufzeigen.

Wie lautet die Fragestellung?

- Wie soll ein systematisches Reklamationsmanagement in einer mittelgroßen schweizerischen Krankenversicherung (mit öffentlich-rechtlichem Auftrag und privatrechtlicher Unterstellung) gestaltet und organisatorisch angesiedelt werden, damit die Aufgaben des Reklamationsmanagements in einem optimalen Aufwand/Nutzen-Verhältnis erfüllt werden können?
- Welchen Beitrag leistet ein systematisches Reklamationsmanagement zur Kundenbindung?
- Mit welchen Einführungsempfehlungen kann schnell eine maximale Wirkung erzielt werden?

Hiervon lassen sich folgende Hypothesen ableiten und werden im Rahmen dieser Studie überprüft:

- Ein systematisches Reklamationsmanagement hat eine strategische Bedeutung und liefert einen relevanten Beitrag zum Erfolg eines Unternehmens.
- Systematisches Reklamationsmanagement ist ein entscheidender Faktor in der Kundenorientierung und trägt maßgeblich zur Kundenbindung bei.
- Systematischer und professioneller Umgang mit Reklamationen bindet Kunden an die Unternehmung, steigert die Kundentreue und die Weiterempfehlungen.

Ergebnisse dieser Studie sind im Wesentlichen ein zur Einführung bereites Konzept eines systematischen Reklamationsmanagements und Entscheidungsgrundlagen für die Geschäftsleitung im Thema systematisches Reklamationsmanagement.

Der **theoretische Kern** der Studie besteht aus einer Übersicht und Konzentrat zum Stand der

Wissenschaft in Bezug zum Reklamationsmanagement respektive Beschwerdemanagement. Der **Neuigkeitswert** besteht aus einem Konzept für die Sanitas zur Umsetzung des systematischen Reklamationsmanagements und eine Übersicht und Konzentrat zum Thema systematisches Reklamationsmanagements.

Als Grundlage für die Erarbeitung dieser Studie bilden folgende Methoden:
- Internet- und Literatur-Recherche
- Konzeptionelles Vorgehen in der Entwicklung des systematischen Reklamationsmanagements
- Halbstrukturiertes Interview mit ausgesuchten Key-Personen der Sanitas als empirischer Beitrag

Diese Methoden wählte der Autor, weil auf Grund der Ist-Situation ein konzeptionelles Vorgehen angezeigt ist. Dazu bietet die verfügbare Literatur einen genügend großen Fundus für die wissenschaftlichen Teil dieser Studie. Ein Blick in andere Branchen mit ähnlichen oder gleichen Problemen ist hilfreich bei der Suche nach Lösungen für die eigene Branche.

In diesem Buch führt sie der Autor durch diese komplexe Thematik mit den wichtigsten mentalen Voraussetzungen wie emotionale Intelligenz, Konfliktlösung und den entscheidenden Werkzeugen damit das Beschwerdemanagement eine Erfolgstory für das Unternehmen wird. Der Abschluß bildet ein abgerundetes Beschwerdemanagement-Konzept für die Sanitas Krankenversicherung AG, die damalige Arbeitgeberin des Autors.

2. KURZVORSTELLUNG der Sanitas Krankenversicherung

Die Sanitas Gruppe gehört mit über 880'000 Versicherten und einem Prämienvolumen von rund 2,3 Milliarden Franken zu den größten Schweizer Krankenversicherern mit einem breiten Angebot an Krankenversicherungslösungen in der obligatorischen Krankenpflegeversicherung und freiwilligen Zusatzversicherungen. Die Gruppe wurde 1958 als Stiftung gegründet. Als Tochter der Sanitas Krankenversicherung (Stiftung) übernimmt die Sanitas Beteiligungen AG neu die Holdingfunktion. Sie beaufsichtigt die operativen Aktiengesellschaften. Drei dieser Gesellschaften betreiben das Grundversicherungsgeschäft (Sanitas Grundversicherungen AG, Wincare Versicherungen AG und Compact Grundversicherungen AG), zwei weitere Gesellschaften das Zusatzversicherungsgeschäft (Sanitas Privatversicherungen AG und Wincare Zusatzversicherungen AG). Informationen zu Produkten und Dienstleistungen sind auf www.sanitas.com erhältlich. Bei einer repräsentativen Umfrage durch das Link-Institut, Luzern/Schweiz von 2009 erreichte die Sanitas Krankenversicherung bei der Frage nach der Kundenzufriedenheit mit 70 % an „sehr zufriedenen" Kunden den 2. Rang unter den Krankenversicherern. (vgl. K-Tipp, 13/2009)

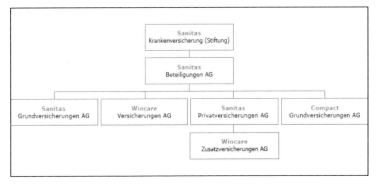

3. SYSTEMATISCHES BESCHWERDEMANAGEMENT

Dieses Kapitel ist der eigentliche theoretische Kern dieser Studie als wissenschaftliche Grundlage zur Beantwortung der Fragestellung und Überprüfung der Hypothesen. Es bietet eine Übersicht und Konzentrat zum Stand der Wissenschaft zum Thema Beschwerdemanagement.

3.1   Einführung in das Beschwerdemanagement

Es gibt sie noch, die netten Kunden – Kunden, die keinen Ärger machen, die höflich und zuvorkommend sind, die aber wegen ihrer Unzufriedenheit einfach abwandern und für immer verloren sind. Angesichts generell sinkender Kundenloyalität ist zudem anzunehmen, daß die Zahl dieser, einfach abwandernden, Kunden weiter zunimmt. Deshalb steigt die Notwendigkeit für Unternehmen, ein konsequentes Kundenbeziehungs- und Kundenbindungsmanagement zu betreiben. Die zukunftsorientierten Unternehmen müssen sich kompromißlos bemühen, Kundenzufriedenheit zu erreichen und Kunden_un_zufriedenheit zu vermeiden. Hierfür müssen sie ein professionelles Beschwerdemanagement installieren und unzufriedene Kunden ermutigen, sich mit einer Beschwerde direkt an das Unternehmen zu wenden.

„Genau das ist der Schlüssel zu überragendem Service – die bestehenden Regeln im Dienste des Kunden zu brechen und völlig neue Wege zu gehen. Wege, die es dem Kunden erlauben, möglichst viel Verantwortung, Abläufe und Arbeiten ‚outzusourcen'. Wege, die den Kunden überraschen, denn Überraschungen wecken Emotionen im Menschen." (Hübner, in: Scherer (Hrsg.), 2007, S. 127)

Dieser Schlüssel zu überragendem Service ist im Beschwerdemanagement von großer Bedeutung um die negativen Emotionen, die der Beschwerdeführer hat, in positive zu wandeln. Das Beschwerdemanagement wird in manchen Unternehmungen auch im 21. Jahrhundert zu wenig beachtet und gefördert. Obwohl absehbar ist, daß dies zum maßgeblichen Faktor in der Kundenorientierung geworden ist. Der demografische Wandel, Direktvertrieb und das Internet sorgen für enorme Zuwachszahlen im Fernabsatz, aber damit auch für ein steigendes Beschwerdepotenzial. Kunden erwarten heutzutage professionellen Umgang mit Beschwerden, ansonsten laufen sie zur Konkurrenz. Exzellentes Beschwerdemanagement ist für eine Unternehmung überlebenswichtig. Zudem ist ein gut funktionierendes Beschwerdemanagement ein bedeutender strategischer Erfolgsfaktor im hart umkämpften Wettbewerb.

3.1.1 Herausforderung der Zukunft

Jede Kaufentscheidung hat eine Sach- und eine Gefühlsebene. Endkunden treffen ihre Kaufentscheidung nicht nur nach sachlicher Abwägung, sondern zum großen Teil auch nach Gefühl. Entsprechend groß ist die Enttäuschung wenn der Kunde mit dem Ergebnis der Befriedigung seiner Erwartungen nicht zufrieden sein kann. Deshalb lohnt es sich, sich mit der Psychologie des Kundennutzens zu befassen. Die Psychologie hat herausgefunden: Vielen Käufen folgt Kaufreue. Deshalb gilt die Empfehlung den Kunden in der kritischen Nachkaufphase zu unterstützen. Zum Beispiel mit: Informationsmaterialien (Kundenzeitschrift, Telefonmarketing, Events) oder sogenannten Welcome-Calls. (vgl. Kenzelmann, 2008)

> „Tatsache ist: Beschwerden sind ein Ärgernis für jedes Unternehmen. Keine Frage.
> Sie verursachen viel zusätzliche Arbeit und zeigen darüber hinaus die firmeninternen
> Unzulänglichkeiten auf." (Haas & von Troschke, 2007, S. 9)

Beschwerden sind jedoch etwas ganz Normales im Firmenalltag. Entscheidend ist, wie damit umgegangen wird, und was letztlich unternommen wird die Zahl und die Gründe der Beschwerden zu reduzieren. Jede Beschwerde ist eine einmalige Chance, die uns der Kunde gibt, ihn zu halten. Insofern zielt das Beschwerdemanagement auf die Stabilisierung der durch die Unzufriedenheit gefährdeten Geschäftsbeziehungen.

Dies sollte eigentlich für jeden klar sein. Doch wie oft werden Kunden mehr als verwirrt über die Art und Weise, wie Firmen unsere berechtigten Fragen reagieren. Leider gehören folgende Zeitvergeuder noch immer zum Alltag:
- Mehrmaliges Weiterverbinden
- Falsche Ansprechpartner
- Endlos-Warteschlaufen
- Besetzte Telefonleitungen
- Computerstimmen

Auf Grund der Uneinsicht der Firmen, ist man fast geneigt von ‚Kundenmobbing' zu sprechen. Das heißt von einem Ignorieren und Vernachlässigen der Kundenbeschwerden – bis zum Verärgern und Vertreiben der Kunden. (vgl. Haas & von Troschke, 2007, S. 168)

Erstklassiger Kundenservice und authentisch gelebte Kundenorientierung könnten demgegenüber der Schlüssel für mehr Umsatz, Produktverbesserungen und Wettbewerbsvorteile sein und als wirksamer Kundenkleber den nachhaltigen Erfolg und die Entwicklung der Firma unterstützen. Denn angesichts immer ähnlicher werdender Produkte und Leistungen bedeutet exzellenter Kundenservice eine größere Überlebenschance. Das Thema Kundenorientierung als ein Erfolgsfaktor, auch in schwierigem wirtschaftlichem Umfeld, wurde bestätigt. (vgl. Kundenmonitor Deutschland 2009, S. 1)

Wie die RightNow-Studie 2006 zeigt, ist gleichzeitig die Frustrationstoleranz der Deutschen gegenüber schlechtem Kundenservice relativ gering. Die RightNow-Studie und den Kundenmonitor bestätigen die Tendenz, daß ein professioneller Service über Kundentreue und Weiterempfehlungen entscheidet. Es ist anzunehmen, daß diese Tendenz für den ganzen Deutschsprachigen Raum gelten wird. Hinsichtlich des Zusammenhangs von Beschwerdezufriedenheit und Abwanderung von Kunden kam eine Untersuchung aus der Versicherungsbranche (Ullmann & Peil, 1995) zu dem Ergebnis, daß Kunden, die mit der Beschwerdebearbeitung sehr zufrieden sind, die Geschäftsbeziehung lediglich zu rund 5 % beenden. Hingegen wurde bei nicht zufrieden gestellten Beschwerdeführern eine Abwanderungsrate von nahezu 50 % festgestellt. Diese Studie hat, nebst der Beschwerdebearbeitung und vor allem in den Bearbeitungsfristen, auch in der Diskussion um ein Kulanzkonzept besondere Bedeutung.

Immer mehr Unternehmen organisieren ihre Kundenbeziehungen mittels Customer-Relationship-Management-Software (CRM-Software), zum Beschwerdemanagement nutzen sie diese Systeme jedoch eher selten. Fachverantwortliche und Führungskräfte machen suboptimale interne Prozesse dafür verantwortlich, daß Kunden auch mit CRM nicht optimal betreut werden. Die strategische Bedeutung von Beschwerden ist, wie eine gemeinsame Studie der Universität Dortmund und des IT-Unternehmens Materna ergab, noch nicht hinlänglich erkannt. Indessen glauben über 90 % der teilnehmenden Unternehmen, daß diese Bedeutung zunehmen wird. (vgl. Innovations report, 2005)

Die Motivation, in das Beschwerdemanagement zu investieren, liegt in der Steigerung der Kundenzufriedenheit. Aufgrund von Beschwerden lassen sich zudem Produktionsfehler rechtzeitig

resp. frühzeitig erkennen und damit teure, ressourcenraubende Rückrufaktionen und hohe Kosten aus der Produkthaftung vermeiden.
Generell wird viel zu oft über eine CRM-IT-Lösung und nicht genug über die Inhalte eines anspruchsvollen Kundenbeziehungsmanagements nachgedacht.

> „Beschwerdemanagement beginnt in den Köpfen der Mitarbeiter und nicht im Computer!" (Haas & von Troschke, 2007, S. 12)

Nicht alle Kunden sind gleich und auch nicht alle Kunden sind gleich wichtig. Dennoch ist jeder ein potenzieller Multiplikator. Unzufriedene Kunden erzählen bekanntlich sieben bis neun weiteren Personen von ihren negativen Erlebnissen, während die positiven Erlebnisse höchstens drei- bis viermal kommuniziert werden. Zudem ist zu bedenken, daß die Mehrzahl derer, die Anlaß zu Beschwerden hätten, sich nicht meldet, sondern stillschweigend zu einem anderen Anbieter geht. Man nennt dies oft „Abstimmung mit den Füssen". Diejenigen, die sich beschweren, geben dem Unternehmen immerhin noch eine Chance, den Fehler wieder ‚auszubügeln' und somit den Kunden zu halten.

⇒ „Beschwerden sind Chancen"

Der Faktor Kundenzufriedenheit steht in direkter Korrelation mit dem Gewinn (vgl. Haas & von Troschke, 2007, S. 14). Mit zunehmender Kundenzufriedenheit resp. -loyalität steigt auch der Gewinn. Dabei ist vor allem ein **proaktives Beschwerdemanagement** entscheidend für die Kundenzufriedenheit und -treue. Entsprechend sollte das Beschwerdemanagement als eine ganzheitliche Aufgabe verstanden und angegangen werden. Dies im Bewußtsein, daß Akquisition neuer Kunden heute fünfmal teurer ist als die Kundenbindung.

3.1.2 Basisstrategien des Beschwerdemanagements

Überlegungen zu den strategischen Optionen eines Beschwerdemanagements basieren auf empirischen Studien zu den in der Realität vorfindbaren unterschiedlichen Varianten eines Beschwerdemanagements. Auf dieser Basis und unter Berücksichtigung der Ergebnisse der empirischen Beschwerdemanagement-Excellence-Studie in Deutschland unterscheiden Stauss&Schöler (2006) Strategietypen bzw. Basisstrategien des Beschwerdemanagements.

Die Strategietypen unterscheiden sich im Hinblick auf zwei Kriterien: Zum einen um die *primäre Zielrichtung* ob diese eher auf einen Bindungseffekt des Beschwerdemanagements (Fokus auf Kunde) zielt oder auf die kosteneffiziente Abwicklung von Beschwerden (Fokus Effizienz). Zum anderen ist eine Charakterisierung des Fokus der Aufgabenwahrnehmung vorzunehmen, der entweder auf den Aufgaben im Umgang mit dem externen Kunden (Fokus extern) oder aber auf den internen Prozessen (Fokus intern) liegt. Dementsprechend ergeben sich die folgenden vier Strategietypen:

1. Complaint Factory (Beschwerdefabrik)
2. Relationship Amplifier (Beziehungsverstärker)
3. Quality Control (Qualitätssicherer)
4. Customer Satisfaction Lab (Zufriedenheits-Labor)

Basisstrategien im Beschwerdemanagement

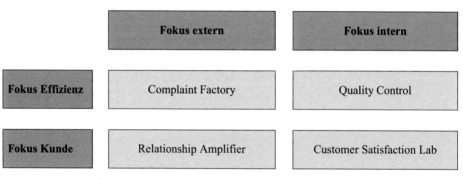

Abb. 1: Basisstrategien im Beschwerdemanagement (Quelle: Stauss & Seidel, 2007, S. 106)

Hybride Strategien

Bei den Basisstrategien wird immer davon ausgegangen, daß in jedem Fall eine Fokussierung entweder auf die interne oder aber die externe Aufgabenwahrnehmung erfolgt. Unternehmen verfügen jedoch hinsichtlich ihrer strategischen Ausrichtung des Beschwerdemanagements über weitere Optionen. So können sie den externen und internen Aufgaben gleichermaßen Bedeutung beimessen. In diesem Fall liegen hybride Strategien vor, die Kombination aus jeweils einem extern und einem intern ausgerichteten Strategietyp darstellen.

Dabei erscheinen nur solche Kombinationen realistisch, die durchgängig eine strategische Zielsetzung unterstützen. Dementsprechend ist von zwei hybriden Strategietypen auszugehen, in denen die effizienzorientierten bzw. die kundenorientierten Basisstrategien miteinander verknüpft werden. (vgl. Stauss & Seidel, 2007, S. 109f)

Hybride Strategieoptionen im Beschwerdemanagement

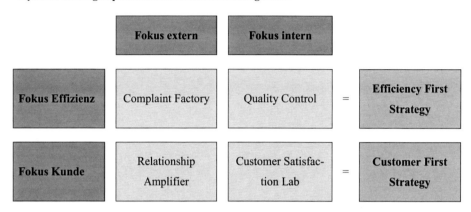

Abb. 2: Hybride Strategieoptionen im Beschwerdemanagement (Quelle: Stauss & Seidel, 2007, S. 109)

In der **effizienzorientierten strategischen Hybridvariante** „Efficiency First Strategy" wird die kosteneffiziente Abwicklung von Beschwerden mit einer auf die Qualitätssicherung begrenzten Informationsnutzung verbunden. Die Problemlösungs- und Informationsdienstleistungen werden in Mindestqualität zu möglichst geringen Kosten angeboten.

Bei der **kundenorientierten strategischen Hybridvariante** „Customer First Strategy" ist Kundenzufriedenheit eine grundlegende Zielgröße für das gesamte Unternehmen. Insofern hat das Beschwerdemanagement nicht nur durch die Ausführung der Aufgaben des direkten Beschwerdemanagementprozesses für die Wiederherstellung von Kundenzufriedenheit zu sorgen, sondern auch im indirekten Prozeß wesentliche Impulse für eine kundenorientierte Gesamtausrichtung des Unternehmens zu geben. (ebd.)

Strategiebewertung und -auswahl

Welche Basisstrategie sich als am Geeignetsten herausstellt, hängt stark von der Branche ab. Die Relationship Amplifier-Strategie erweist sich vor allem in einer Umwelt als überlegen, die durch hohe Kundenerwartungen und Kundensensibilität, hohe Wettbewerbsintensität auf den Märkten, hoher verbraucherpolitischer Aktivität und die Existenz von wichtigen Wettbewerbern mit einer gleichen Basisstrategie des Beschwerdemanagements gekennzeichnet ist. Möchte sich das Unternehmen durch überlegene Qualität und individuelle Leistungen beim Kunden positionieren, und wird Kundenbeziehungsmanagement im Sinne des Aufbaus langfristiger Geschäftsbeziehungen angestrebt, spricht alles für die Wahl der Relationship Amplifier-Strategie. Mit Positionierung in Richtung Differenzierung durch überlegene, kundenorientierte Leistungen, kann und wird das Beschwerdemanagement mit dem Customer Satisfaction Lab große Bedeutung gewinnen. In der Versicherungsbranche sind die oben erwähnten Punkte alle zutreffend. Entsprechend ist in der Versicherungsbranche mit Vorteil die hybride „Customer First Strategy" zu wählen. Entspricht dieses Soll-Profil nicht dem Ist-Profil, steht ein dringender Handlungsbedarf mit umfassenden Change-Management-Bemühungen an. (vgl. Stauss & Seidel, 2007, S. 110f)

3.1.3 Ziele und Aufgaben des Beschwerdemanagements

Beschwerdemanagement beinhaltet einen komplexen unternehmerischen Handlungsbereich. Es umfaßt eine Fülle von zielgerichteten Maßnahmen, die eine Unternehmung im Zusammenhang mit Beschwerden ergreift. (vgl. Stauss & Seidel, 2007, S. 79)

Hauptziele des Beschwerdemanagements sind:
1. Die Wettbewerbsfähigkeit und den Gewinn des Unternehmens zu erhalten und auszubauen,
2. Die Kundenzufriedenheit und damit die Kundenbindung zu verbessern beziehungsweise auf hohem Niveau zu sichern und
3. Hinweise auf betriebliche Schwächen als proaktives Qualitätsmanagement zu nutzen.

Diese Ziele gehören allgemein zu einem erfolgreichen und kundenorientierten Unternehmen und sind dort selbstverständlich. (vgl. Haas & von Troschke, 2007, S. 15ff)

Daraus lassen sich exemplarisch folgende **Teilziele** ableiten:
1. Intensivierung der Kundenbeziehung (Kundenbindung)
2. Erhöhung der Kundenzufriedenheit
3. Erkennen von Kundenbedürfnissen
4. Rückgewinnung verlorener Kunden (die sonst für immer verloren gingen)
5. Wiederholungskäufe, Mehrkäufe
6. Erkenntnis von Trends und zukünftigen Bedürfnissen
7. Qualitätsverbesserungen
8. Verbesserung der Unternehmensprozesse
9. Verhinderung teurer Rückhol- und Tauschaktionen

10. Vermeidung weiterer Produktfehler
11. Erreichung von Total-Quality-Management (TQM)
12. Erhöhung des Anteils, an unzufriedener Kunden, die sich auch beschweren.
13. Langfristig die Vermeidung von Überlastung der Mitarbeitenden

Beschwerdemanagement kann somit, neben Kundenbindungs- und Qualitätssicherungsinstrument, auch als Quell für Innovationen angesehen werden. (ebd.)

Das Beschwerdemanagement kennt zwei **Hauptaufgaben**:
1. Verantwortung wahrnehmen für den Umgang mit den unzufriedenen Kunden. Die Beschwerdeführer sollen durch die Maßnahmen des direkten Beschwerdemanagementprozess zufriedengestellt und gebunden werden.
2. Verantwortung für die unternehmerische Erschließung der in Beschwerden enthaltenen Informationen für eine Verbesserung von Produkten und Prozessen wahrnehmen, woraus sich ein weiteres strategisches Potenzial für das Qualitätsmanagement ergibt.

Daraus lassen sich die wesentlichen **Teil-Aufgaben** im Beschwerdemanagement ableiten, die wie folgt lauten:
- Aufbau eines effektiven Kommunikationsmanagements (Hard- und Software, mit Telefon, Fax, Brief, E-Mail, Internet, Chats, Blogs, Foren)
- Beschwerdeerhebung
- Beschwerdedefinition / Klassifizierung
- Beschwerdestimulierung
- Beschwerdeannahme
- Klärung der Verantwortlichen
- Beschwerdeerfassung
- Beschwerdebearbeitung
- Beschwerdereaktion
- Beschwerdeauswertung / Dokumentation
- Beschwerdenachbereitung / Controlling
- Beschwerdeoptimierung

Alle aufgeführten Aufgaben sind wichtig und werden in den Unternehmen umgesetzt. Der Wert eines Beschwerdemanagementsystems liegt nicht in der Existenz sondern in der Nutzung und Umsetzung der dabei gewonnen Informationen. (ebd.)

3.1.4 Beschwerdemanagementprozess

Die Ziele des Beschwerdemanagements lassen sich nur erreichen, wenn eine Reihe wesentlicher Aufgaben erfüllt wird, die sich entweder dem direkten oder dem indirekten Beschwerdemanagementprozess zuordnen lassen (vgl. Stauss & Seidel, 2007, S.82f).

Beim *direkten Beschwerdemanagementprozess* ist der Kunde direkt beteiligt und besteht aus folgenden Teilprozessen:
- Beschwerdestimulierung
- Beschwerdeannahme
- Beschwerdebearbeitung
- Beschwerdereaktion

Beim *indirekten Beschwerdemanagementprozess* geht es um die Aufgaben ohne direkte Beteiligung des Kunden und besteht auf folgenden Teilprozessen:
- Beschwerdeauswertung
- Beschwerdemanagement-Controlling
- Beschwerdereporting
- Beschwerdeinformationsnutzung

Der indirekte Beschwerdemanagementprozess ermöglicht den innerbetrieblichen Lernprozeß durch Auswertung, Kommunikation und Nutzung der eingegangenen Beschwerden und steht somit in erster Linie im Kontext der qualitätsrelevanten Teilziele des Beschwerdemanagements.

3.1.5 Der Nutzen von Beschwerdemanagement

Wenn ein Gespräch frustrierend für den Kunden verläuft, liegt das meist nicht an einem – oft verzeihlichen – Fehler, in der Regel sind dann gleich mehrere zusammengekommen. Sie entspringen keiner bösen Absicht, sondern passieren eben. Unachtsamkeit, Gleichgültigkeit und Unwissen können dazu führen, daß der Kunde insgeheim denkt oder laut sagt: „Bei Ihnen kaufe ich nie wieder." Schade, nicht nur wegen des entstandenen Schadens für das Unternehmen, sondern auch für den Berater, der dann oft ratlos bis unzufrieden die Schuld beim Kunden sieht („Was ist denn dem für eine Laus über die Leber gelaufen?") und selten seine verpaßten Chancen erkennt.

„Eine Reklamation ist gewissermaßen eine kostenlose Unternehmensberatung. Und zwar von Beratern, die Ihr Unternehmen vielfach besser kennen als ein Unternehmensberater." (Kenzelmann, 2008, S. 115)

Diese Aussage präsentiert den Kunden in einem ganz anderen Licht und läßt viel ungenutztes Potenzial, bezüglich seines Expertenwissens, vermuten.
Der größte Nutzen eines firmenweiten Beschwerdemanagements liegt im Erhalten der Wettbewerbsfähigkeit, der Fähigkeit, die Kundenzufriedenheit sicherzustellen und zu verbessern und die in Beschwerden enthaltenen Hinweise auf produktbezogene oder betriebliche Schwächen für ein proaktives Qualitätsmanagement zu nutzen. Diese bedeutsamen Faktoren beeinflussen die Zukunft eines Unternehmens stark. Ein Beispiel der Finanzbranche zeigt, daß eine Gewinnsteigerung eines Unternehmens um 60 % möglich ist, wenn nur 5 % Kunden weniger abspringen. Und in einem konkreten Beispiel aus der Versicherungsbranche standen den Gesamtkosten der Einführung eines Beschwerdemanagements mit 600'000 DM Gewinne von 1'800'000 DM gegenüber (vgl. Ullmann & Peill, 1995). Die Investitionen bringen also in einem Fünfjahreszyklus letztendlich beträchtliche Gewinne.

Durch die Nähe des Beschwerdemanagements am Kunden kann es ideal zur Zufriedenheit des Kunden beisteuern. Entsprechend wird aus professionellem Umgang mit Beschwerden leicht ein Kundenbindungsprogramm. Kunden, bei denen ihre Reklamationen schnell und zufriedenstellend bearbeitet wurden, halten dem Unternehmen noch stärker die Treue als die „Durchschnittskunden". Gemeinsam bewältigter Probleme scheinen die Kundenbeziehung zu festigen.

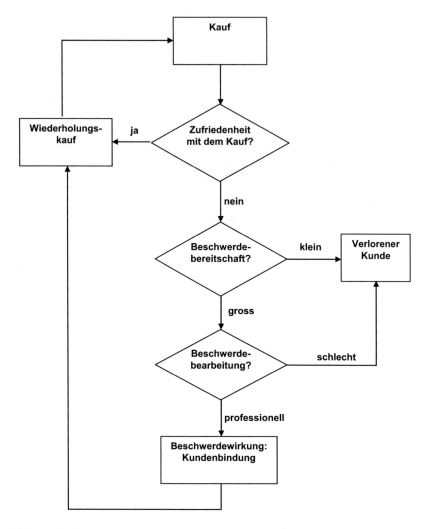

Abb. 3: Beschwerdemanagement als Kundenbindungsprogramm (In Anlehnung an Haas & von Troschke, 2007, S. 21)

Zusätzlich kann das Beschwerdemanagement für das Innovationsmanagement genutzt werden und so einen nachhaltigen Nutzen für die Zukunftssicherung des Unternehmens erreicht werden.

3.1.6 Entstehung und Dimensionen von Beschwerdezufriedenheit

Ein unzufriedener Kunde hat bestimmte Erwartungen an die Beschwerdeantwort des Unternehmens. Dies ist der Standard mit dessen er seine tatsächlichen Erfahrungen vergleicht und beurteilt. Werden die Erwartungen übertroffen, tritt Beschwerdezufriedenheit ein, werden sie erfüllt, ist Indifferenz die Folge, andernfalls Beschwerdeunzufriedenheit. (vgl. Stauss & Seidel, 2007, S. 71)

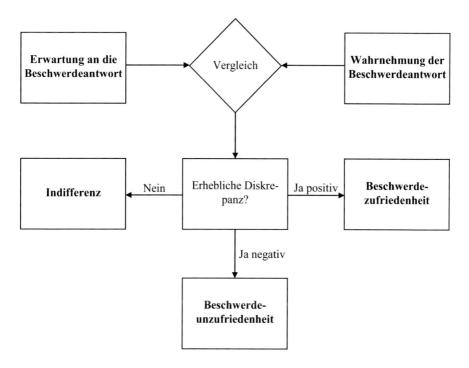

Abb. 4: Entstehung von Beschwerdezufriedenheit/-unzufriedenheit (Quelle: Stauss & Seidel, 2007, S. 71)

Für die konkrete Ausgestaltung des Beschwerdemanagements ist das Wissen darüber, welche Aspekte der unternehmerischen Reaktion die Beschwerdeführer bewerten und welches Gewicht dies für die Entstehung von Beschwerdezufriedenheit respektive -unzufriedenheit haben, von besonderer Bedeutung.
Die in den verschiedenen Studien der Beschwerdezufriedenheitsforschung genannten Merkmale lassen sich konzeptionell vier Dimensionen zuordnen, die Kunden zum Gegenstand ihrer Bewertung des unternehmerischen Beschwerdemanagements machen. (vgl. Stauss & Seidel, 2007, S. 72f)

Abb. 5: Dimensionen der Beschwerdezufriedenheit (Quelle: Stauss & Seidel, 2007, S. 72)

Der Dimensionenkatalog unterstreicht, daß die Beschwerdezufriedenheit keinesfalls allein von der angebotenen Lösung, sondern vom Gesamterleben der Beschwerdesituation, im Besonderen der Beschwerdeabwicklung, beeinflußt wird.

Nach Ergebnissen des Kundenmonitors Deutschland 2005 (Servicebarometer 2006) liegt die Beschwerdezufriedenheit weiterhin auf niedrigem Niveau. Einige Branchen hinterlassen mehr als 50 % enttäuschte Beschwerdeführer. Das Beispiel Krankenversicherungen zeigt 21.4 % überzeugte Beschwerdeführer (also positiv gestimmte Kunden), 20.1 % zufriedengestellte Beschwerdeführer und 58.5 % enttäuschte Beschwerdeführer. Der Anteil an Kunden mit Beschwerden lag Total bei 5.3 %. Dieses Beispiel macht deutlich, welche unausgeschöpften Bindungsmöglichkeiten noch bestehen. Dieses ökonomisch bedeutsame Erfolgspotenzial kann durch ein professionelles Beschwerdemanagement, mit seiner Wirkung zur Stabilisierung ansonsten gefährdeter Geschäftsbeziehungen, genutzt werden.

3.1.7 Erwartungen von Kunden

Was ist ein Kunde?

Kurt Nagel ist der Überzeugung, daß ein Kunde kein Außenstehender ist, „sondern ein lebendiger Teil unseres Geschäftes. Wir tun ihm keinen Gefallen, indem wir ihn bedienen, sondern er tut uns einen Gefallen, wenn er uns die Gelegenheit gibt, es zu tun" (Nagel, 1995, S. 33). Der Konsumforscher Markus Giesler beschreibt den Kunden so: „… er ist ein heteromorphes Wesen – ständig im Wandel begriffen. Dank immer neuer Technologien wird er nicht nur gläserner, sondern ist auch in der Lage, permanent seine Position am Markt zu verändern. Er ist schneller und intelligenter als je zuvor." (BDV, 2005)

Matthias Horx stellt fest, daß Deutschland in seiner Dienstleistungskultur vor einem Paradigmawechsel steht. „Es gibt einen Wechsel vom Konsumenten zum ‚Prosumenten', einem Käufertyp, der seiner Umwelt sehr fordernd und hochkompetent gegenübersteht." (Zit. nach Hanser, 2006) Es ist entscheidend, daß eine Unternehmung Klarheit darüber bekommt wo sie steht und welche Punkte verbessert werden sollten. Ein Beschwerdemanagement kann mit Vorteil zu einem USP (= Unique Selling Proposition) weiterentwickelt werden. Dabei muß auch das Personal darauf und auf den neuen Kundentyp vorbereitet werden. Solche Unternehmungen werden so unverwechselbar und der Kunde bekommt stets das Gefühl bei der Unternehmung etwas Besonderes zu bekommen oder zu erleben. (vgl. Haas & von Troschke, 2007, S. 26)

Was will der Kunde im Beschwerdefall?
1. *Kunden wollen sich nicht beschweren, sie wollen sich erleichtern.*

   Die Erfahrung zeigt – für eine schnelle, unkomplizierte Lösung des Problems sollte alles getan und dem Kunden seine Last abgenommen werden. Dabei sollte er nicht 3-mal verbunden werden müssen. Ansonsten verstärkt sich sein Frust noch mehr. Durch Erhöhung der eigenen Entscheidungsbefugnisse und Fachkompetenz soll der Prozeß vereinfacht werden.

2. *Kunden wollen emotional ernst genommen werden.*

   Der größte Anteil an beschwerenden Kunden sind keine notorischen Nörgler, sondern zu Recht unzufrieden mit der Leistung des Unternehmens. Durch die weit verbreitete Harmoniebedürftigkeit verstärkt sich beim Kunden der Streß und erfordert einiges an Überwindung sich überhaupt zu beschweren. Mit der ersten Reaktion auf seine Beschwerde zeigt dem Kunden, ob ernst genommen oder einfach als lästig empfunden wird. Diese erste Reaktion ist entscheidend für den weiteren Verlauf der Beschwerdebearbeitung und für das erreichbare Ergebnis ob der Kunde im Anschluß wieder zufrieden wird oder nicht.

3. *Kunden wollen wertschätzend und freundlich behandelt werden.*

   Freundlichkeit ist eine Einstellungsfrage und kann nicht verordnet werden. Der

Kundencoach[2] benötigt eine zugewandte, aufmerksame Einstellung für den Kunden. Freundlichkeit ist entsprechend eines der wichtigsten Einstellungskriterien.

4. **Kunden wollen eine schnelle und effektive Lösung**
Nach der Beschreibung des Problems folgt: Schnelle Diagnose durch präzise Fragen, anschließend Fragen staffeln, Alternativen sortieren und Lösungen anbieten.

5. **Kunden freuen sich über ein „Trostpflaster" für ihren Ärger**
Wie lassen die Kunden ihren Zeitverlust und Ärger vergessen? Ein kleines Give-away, wie einer Tafel Schokolade, aktuelles Magazin oder ein schönes Badetuch kann hier schon Abhilfe verschaffen. Empfehlenswert ist den Kunden vorher nach seinen Vorlieben zu befragen und eine kleine Überraschung anzukündigen.

6. **Kunden wollen wiederkommen**
Mit einer zufriedenstellenden Lösung einer Beschwerde steigt die Bereitschaft eines Kunden wiederzukommen. Dies ist einerseits auf die Macht der Gewohnheit und allgemein die Bequemlichkeit des Menschen sich zu verändern, andererseits auf das Überangebot von Dienstleistungen die zur Qual der Wahl führt, zurückzuführen. Eine gute Bearbeitung einer Beschwerde bildet Vertrauen, paradoxerweise trotz investierter Zeit und Energie. (vgl. Haas & von Troschke, 2007, S. 26ff)

Es ist zu empfehlen, nach Abschluß einer Beschwerdebearbeitung den Kunden nach seinem direkten Feedback zu fragen. Ein kurzer Fragebogen als „Zufriedenheitsbarometer". Dies kann für den Fortbestand einer Unternehmung von großer Bedeutung sein. Die Produktentwicklung von Dell Computer lebt im Wesentlichen davon, was im Callcenter an Beschwerden eingehen.

„Qualität ist, wenn der Kunde zurückkommt und nicht das Produkt!"
(Haas & von Troschke, 2007, S. 30)

Fazit:
Erfolgreiche Beschwerdegespräche bestehen in der Anwendung der hohen Kunst der emotionalen Intelligenz und kommunikativen Kompetenz. Wenn dem reklamierenden Kunden mehr als erwartet entgegengekommen wird, bleibt nicht der Grund der Reklamation in Erinnerung, sondern die schnelle und kompetente Lösung und Wiedergutmachung.

---

[2] Der Kundencoach ist in diesem Kontext der verantwortliche Ansprechpartner bei Beschwerden und kümmert sich um ihre Bearbeitung. (vgl. Haas & von Troschke, 2007, S. 167) Siehe dazu auch das Kapitel 3.1.8

3.1.8 Die Rolle des Kundencoach

Bei professionellem Beschwerdemanagement sind die Kundenbetreuer keine Beschwerdemanager, sondern Kundencoachs. Das Kundencoaching kann sowohl als spezifische Funktion im Beschwerdemanagement als auch als zusätzliche Funktion in der Beratung (Vor- und Nach-Verkaufsphase) aufgefaßt und umgesetzt werden. In jedem Fall ist der Kundencoach der verantwortliche Ansprechpartner bei Beschwerden und kümmert sich um die Zufriedenheit des Kunden.

Voraussetzung für den Erfolg als Kundencoach ist, daß man die Menschen mögen muß, trotz oder wegen all ihrer Unzulänglichkeiten. Dies bedingt ein stabiles positives Menschenbild. Dazu erfordern die Aufgaben des Kundencoach ein spezielles Kundenbetreuungs-Know-how für den professionellen persönlichen, telefonischen oder schriftlichen Umgang mit Kunden.

Dazu gehören:
- Emotionale Intelligenz
- Mentale Flexibilität
- Hilfsbereitschaft
- Konfliktfähigkeit
- Spezifische Techniken der Gesprächsführung
- Argumentationsmethoden
- Techniken der Einwandbehandlung
- Sicherheit bei Vereinbarungen
- Kreativität beim Schreiben von Briefen oder E-Mails
- Kenntnisse über firmeninterne Prozesse und Abläufe, insbesondere über Zusammenhänge und Entscheidungswege
- Produktkenntnisse
- Problemlösungskompetenz
- Fähigkeit zum Selbstmanagement
- Handlungskompetenz

Neben den Unternehmensinteressen wie Umsatz, Gewinn und Kostenreduzierung sollte ein guter Kundencoach den Kunden und den Kundennutzen in den Mittelpunkt seines Handelns stellen. Damit diese Ziele erreicht werden können, wird von einem Kundencoach entsprechende Qualifikation und permanentes Training benötigt.

Kundencoaches sind sich bewußt, daß Kundenbeziehungen oft persönliche Beziehungen sind. Er sollte mit Empathie die Kunden auf der persönlichen Ebene ansprechen. Die meisten Produkte und Dienstleistungen sind austauschbar. Deshalb sind es nicht die Produkte, sondern Menschen, die die Kunden binden. Ein Kundencoach sollte auch Freiräume, Handlungs- und Entscheidungskompetenzen besitzen und gegebenenfalls von vorgegebenen Standards abweichen dürfen, um dadurch schneller eine befriedigende Lösung herbeiführen zu können. (vgl. Haas & von Troschke, 2007, S. 17ff und S. 167)

3.1.9 Beschwerdemanagement nach der Norm: DIN ISO 10002:2004

Mit der Norm ISO 10002:2004 („Qualitätsmanagement – Kundenzufriedenheit – Leitfaden für die Behandlung von Reklamationen in Organisationen") existiert ein Leitfaden für die Behandlung von Beschwerden in Organisationen, der in acht Abschnitten und weiteren Anhängen Anforderungen an ein aktives Beschwerdemanagement beschreibt. Diese Norm unterstreicht die Notwendigkeit eines Beschwerdemanagements und zeigt für die wesentlichen Aufgaben des direkten und indirekten Beschwerdemanagements Wege zu einem systematischen Vorgehen auf. Darüber hinaus ist die Norm ganz überwiegend von einem modernen Verständnis des Beschwerdemanagements geprägt. Die Anforderungen lassen sich jedoch nur als relativ abstrakt formulierte Minimalstandards interpretieren.

Eine ISO-Zertifizierung für das Beschwerdemanagement gilt jedoch als Wettbewerbsvorteil und ist eine klare Differenzierung gegenüber den Mitbewerbern. (vgl. Stauss & Seidel, 2007, S. 647ff)

3.2 Beschwerden systematisch und strategisch managen

Wenn in einem Unternehmen einige Beschwerden eingegangen sind, heißt das nicht zwangsläufig, daß der Kundenservice unzureichend ist. Andererseits sind ausbleibende Beschwerden kein Zeichen dafür, daß alles in Ordnung ist. Das genau gilt es zu unterscheiden. Wenn ein Unternehmen an einer langfristigen Kundenbindung interessiert ist, dann geht es jeder Beschwerde auf den Grund und geben ihr einen ebenso hohen Stellenwert wie einem Neuabschluss. Beschwerdemanagement beginnt grundsätzlich nicht am Computer, sondern in den Köpfen der Mitarbeiter. Dennoch ist eine Integration in eine CRM-Strategie und in die technischen CRM-

Strukturen zwingende Voraussetzung für ein systematisches unternehmensweites und wohlstrukturiertes Beschwerdemanagement. Dabei ist die Nutzung der Analyseergebnisse für ein proaktives Qualitätsmanagement mitentscheidend für eine erhöhte Kundenzufriedenheit und langfristige Kundenbindung. Für viele Unternehmen ist es daher von großem Nutzen ein systematisches und gut integriertes Beschwerdemanagement einzuführen.

Ein erfolgreiches systematisches Beschwerdemanagement gibt mittelfristig Antwort auf die folgenden Fragen:

- Sind die Kundencoachs auf mögliche Beschwerden vorbereitet?
- Was verstehen unsere Kundencoachs bisher unter einer „Beschwerde"?
- Wie viele Beschwerden erhalten wir?
- Wie viele aller unzufriedenen Kunden haben ihre Beschwerde artikuliert?
- Über welche Kanäle erreichen uns die Beschwerden?
- Sind wir leicht erreichbar?
- Worüber beschweren sich die Kunden?
- Was ärgert sie im Detail?
- Wer beantwortet die Beschwerden?
- Wie weit gehen die Entscheidungsbefugnisse der Kundencoachs?
- Wie ist der Eskalationsprozess geregelt?
- Wer antwortet und auf welche Weise antworten wir?
- Welche Schwierigkeiten können durch unser Beschwerdehandling entstehen?
- Werden die Beschwerden der Kunden und unsere Lösungen gesammelt?
- Welche Konsequenzen ziehen wir daraus?

Entsprechend sollen die Aktivitäten im Beschwerdemanagement so ausgerichtet werden, damit diese Fragen beantwortet werden können. Auf diesem Ist-Zustand kann anschließend stetig aufgebaut werden.

3.2.1 Beschwerden systematisch annehmen, bearbeiten und auswerten

„Eine Beschwerde ist keine Störung, sondern eine erwünschte Rückmeldung." (Haas & von Troschke, 2007, S. 133)

Ein systematisches Beschwerdemanagement sorgt dafür, daß der Kunde mit seiner Unzufriedenheit ernst genommen wird, und sucht schnellstmöglich nach einer angemessenen Lösung. Beschwerden zu erhalten, zu bearbeiten, auszuwerten und sukzessive die Kundenzufriedenheit zu verbessern hat für jedes Unternehmen strategische Vorteile.

Die wichtigsten operativen Schritte im Beschwerdemanagement (siehe auch Kapitel 3.1.4) sind:

1. Beschwerden stimulieren
2. Beschwerden annehmen und erfassen
3. Beschwerden bearbeiten und angemessen reagieren
4. Beschwerden erheben, auswerten und dokumentieren

Diese vier Schritte werden im Folgenden weiter vertieft.

Beschwerden stimulieren

„Vermeiden Sie es, Beschwerden zu vermeiden." (Haas & von Troschke, 2007, S. 134)

Viele Unternehmen verfolgen das Ziel, die Anzahl der an das Unternehmen gerichteten Beschwerden zu minimieren. Dieses Ziel der Beschwerdeminimierung ist aber nur dann sinnvoll, wenn man davon ausgehen kann, daß sich alle unzufriedenen Kunden beschweren und insofern auch eine geringe Beschwerdezahl ein eindeutiger Indikator für ein geringes Maß an Kundenunzufriedenheit ist. Deshalb ist die Kommunikation mit dem Kunden bei einem Beschwerdemanagementsystem das A und O. Dies bedingt die Bereitstellung geeigneter, für den Kunden kostenloser Kommunikationskanäle voraus, die eine schnelle und problemlose Kontaktaufnahme zum Unternehmen ermöglichen, im Idealfall fast verführen diese auch zu nutzen. Es lohnt es sich dem Kunden leicht zu machen seine Unzufriedenheit zu äußern. So hat die Unternehmung überhaupt eine Chance zu erfahren „wo der Schuh drückt". Das bedeutet möglichst viele Kommunikationskanäle für den Kunden zu öffnen. Beschwerden sollten aktiv angeregt werden. Den Kundencoachs muß bewußt werden, daß Beschwerden wichtig und gewünscht sind und nicht vertuscht werden sollen. Im Vordergrund sollte stehen: Die Kosten und den Zeitaufwand für den Kunden zu reduzieren, den er aufwenden muß, um seine Beschwerde vorzutragen.

In diesem Kontext ist zu beachten, daß beschwerdestimulierende Maßnahmen nur stufenweise umzusetzen sind und die Dimensionierung der Ressourcenausstattung entsprechend anzupassen ist. Ansonsten läuft man Gefahr eine Lawine von Beschwerden zu erhalten, welche nicht oder nur unzureichend bearbeitet werden können. (Haas & von Troschke, 2007, S. 133f)

Beschwerden annehmen, erfassen und kategorisieren
Im Sinne eines aktiven Beschwerdemanagements kann die Beschwerdeerfassung nicht dem Zufall überlassen werden. Schon hierin drückt sich ein Teil der Qualität des Beschwerdemanagement-Systems aus. Hier geht es um die Fragen der Organisation des Beschwerdeeingangs und um die Erfassung der Beschwerdeinformationen.

Relevant ist in der Praxis die Differenz zwischen der Kundenerwartung und ihrer tatsächlichen Erfüllung. Das Beschwerdemanagement eines Unternehmens kann dann, bei systematischer Erfassung dieser Differenz, sensibel auch auf kleine Störungen reagieren, bevor diese eskalieren und zu einem großen Problem werden. (Haas & von Troschke, 2007, S. 135)

Bei der *Entgegennahme einer Beschwerde* ist zunächst die Verantwortlichkeit zu klären, wem die Beschwerde zugewiesen wurde respektive wer für die Bearbeitung der Beschwerde zuständig ist. In der Regel ist dafür derjenige zuständig, dem gegenüber eine Beschwerde zuerst artikuliert wurde. Dies nennt man das Complaint-Ownership-Prinzip. (vgl. Stauss & Seidel, 2007, S. 142f)

Der Kundencoach, der sich um die Beschwerde kümmert, sollte ausgebildet sein, den ersten Ärger am Telefon abzufangen. Hier sind Kenntnisse und Fähigkeiten der mündlichen Kommunikation gefragt, dazu bedarf es Schulungen, Checklisten und Telefonskripte mit hilfreichen Formulierungen und Verhaltensregeln, die ein Kundencoach beherrschen sollte. Dazu müssen auch die notwendigen Kompetenzen an den Kundencoach delegiert werden und geklärt werden, welche Probleme er selbst lösen kann und welche Beschwerden an andere zuständigen Stellen weitergeleitet werden müssen. Der Kundencoach bleibt jedoch jederzeit dafür verantwortlich, daß der Kunde so schnell wie möglich eine Antwort erhält (Complaint-Ownership-Prinzip).

Die *Erfassung der eingehenden Beschwerden* geschehen in der Regel durch Multi-Channel-Lösungen. Sie sorgen dafür, daß das Beschwerdemanagement-System die eingehenden Informationen schnell, vollständig und strukturiert erhält. Das Beschwerdemanagement-System muß eindeutige und klar abgrenzbare Problemkategorien liefern. Nach Stauss und Seidel (vgl. Stauss & Seidel, 2007, S. 146ff) unterscheidet man bei der Erfassung von Beschwerden zunächst nach Beschwerdeinhalts- und nach Beschwerdeabwicklungsinformationen.

Zu den Informationen über den Beschwerdeinhalt gehören:
- Beschwerdeführer (Identität, Rolle, Verärgerungsgrad)
- Beschwerdeproblem (Art, Umstände, Ursache, Erst- oder Folgebeschwerde)
- Beschwerdeobjekt (Produkt oder Dienstleistung, Marketingaspekte, Gesellschaftspolitisches Verhalten)

Zur den Informationen zur Beschwerdeabwicklung gehören:

- Beschwerdeannahme (Eingangszeitpunkt, Weg, entgegennehmender Mitarbeiter, Adressat)
- Beschwerdebearbeitung (Prozeß, Verantwortlichkeit, Schritte)
- Beschwerdereaktion (Einflüsse: Erwartungshaltung Kunde, Garantie- oder Kulanzfall, Dringlichkeit / Unternehmensreaktion: Zusagen, realisierte Problemlösungs- und Wiedergutmachungsleistung)

Als nächster wesentlicher Schritt erfolgt die **Kategorisierung**. Die Erfassung von Beschwerdeinformationen verlangt eine eindeutige und konkrete Zuordnung zu bestimmten Kategorien. Entsprechend wird ein Kategoriensystem benötigt.

Zwei Gründe für eine Kategorienbildung (Stauss & Seidel, 2007, S. 161):

1. Je präziser die Kategorien die Problemstruktur aus Kundensicht abbilden und je vollständiger alle Kundenbeschwerden diesen Gruppen eindeutig zugeordnet werden können, desto transparenter und zielgerichteter sind die Informationen der Beschwerdeauswertung und des Controllings zur kontinuierlichen Verbesserung der Unternehmensprozesse einsetzbar.
2. Die richtige Definition von Problemkategorien ist Voraussetzung für die differenzierte und effiziente Ableitung von korrespondierenden Beschwerdebearbeitungsprozessen.

In Anlehnung an Goodman/Malech/Marra (1987) ergeben sich folgende Anforderungen an das Kategorienschema:

1. Handlungsorientierung
2. Eindeutige Abgrenzbarkeit
3. Vollständigkeit
4. Kundenorientierung
5. Leichte Handhabbarkeit

In der Erfüllung und Anwendung dieser Kriterien soll versucht werden die Zielkonflikte so optimal wie möglich zu lösen, daß es dennoch exakte Schlüsse auf das konkrete Kundenproblem zuläßt. Eine hierarchische Strukturierung von Kategorien mit Ober- und Untergruppen, in Hauptgründe und Detailgründe, lassen sich nach inhaltlich-logischen Merkmalen bilden. Die hierarchische Kategorisierung gestattet die strukturierte und systematische Erfassung der Einzelinformationen und ermöglicht aussagefähige und transparente Auswertungen.

Die einmal festgelegten Kategorien sollten mindestens einmal pro Jahr überprüft, und nach Bedarf den veränderten Produkt- und Serviceleistungen respektive dem veränderten Käuferverhalten angepaßt werden. Die Kategorisierung bildet die Basis dafür, daß die Kundencoachs Beschwerden differenziert wahrnehmen und bearbeiten können. (vgl. Stauss & Seidel, 2007, S. 162ff nach Goodman&Malech&Marra, 1987)

In der praktischen Anwendung helfen folgende Fragen an den Kunden zur klaren Kategorisierung:

- Welche Störungen sind aufgetreten?
- Was wurde bereits versucht und unternommen?
- Wie war das Ergebnis?
- Ist die Beschwerde aus Kundensicht eskalierend?
- Wie ist die Dringlichkeit zu bewerten? Sind Sofortmaßnahmen nötig?
- Was genau meinen Sie mit „unzureichender Qualität"?
- Was verstehen Sie unter …?
- Was sind Ihre Erwartungen?
- Welche konkreten Maßnahmen sind jetzt zu ergreifen?
- Wer tut was bis wann?

Beschwerden bearbeiten und angemessen reagieren

„Die erste Reaktion des Unternehmens auf die Beschwerde stellt für den Kunden eine Art **Schlüsselerlebnis** dar. Hier erlebt er, ob er mit seinem Anliegen wirklich ernst genommen oder aber nur als lästiger Störfaktor behandelt wird." (Stauss & Seidel, 2007, S. 217)

In der Gesamtheit aller internen Bearbeitungsschritte im Rahmen der Fallbehandlung steht an dieser Stelle im Zentrum die folgende Frage: Wer macht was bis wann in welcher Reihenfolge? Der Kunde erwartet, unabhängig seines gewählten Kommunikationskanals, eine zügige und qualifizierte Bearbeitung seiner Beschwerde. Um dies leisten zu können, erhält der Kundencoach aus dem Beschwerdemanagement-System diejenigen Informationen, die er für eine schnelle und kompetente Reaktion benötigt. Eine Anbindung an Lösungsdatenbanken oder der Zugriff auf andere für die Kundenbeziehung relevanten Daten (aus CRM-System) versetzen ihn in die Lage, Beschwerden oft schon beim ersten Kontakt abschließend zu bearbeiten.

Komplexe Kundenanfragen können jedoch selten beim ersten Kontakt erledigt werden. Dabei gilt absolut sicherzustellen, daß die Anfragen in den Fachabteilungen oder auf Grund unklarer Zuständigkeiten nicht einfach im Sande verlaufen.

Sollte ein Problem am Telefon nicht direkt zu klären sein, dann definiert ein systematisches Beschwerdemanagement genau, wie und in welcher Weise der Kundencoach reagieren sollte: telefonisch, per Fax, per E-Mail oder per Brief. Für die schriftlichen Reaktionen gibt es Textmodule, mit denen der Kundencoach seine Antwort professionell deeskalierend formulieren kann. Wenn es nicht möglich ist, umgehend eine abschließende Antwort zu geben, so liefert das System eine Eingangsbestätigung und gegebenenfalls einen Zwischenbescheid. So ist der Kunde zunächst zufrieden, weil er weiß, daß sein Anliegen angekommen ist und ernst genommen wurde. Der Kundencoach kann sich anschließend um die weitere, zeitaufwändige Bearbeitung der Beschwerde kümmern. Auch der gute Ruf des Unternehmens profitiert von dieser Vorgehensweise und der Grundsatz einer guten Partnerschaft kann sich dadurch weiter entwickeln. (vgl. Haas & von Troschke, 2007, S. 138)

Beschwerden erheben

Voraussetzung für ein erfolgreiches Beschwerdemanagement ist es, die Beschwerden der Kunden strukturiert und effektiv zu erheben. Ein Teil der Informationen kann mithilfe von Checklisten (Erfassungsmasken im Bildschirm) während eines Beschwerdegesprächs ermittelt werden. Andere Informationen, wie zum Beispiel Hintergründe, Ursachen und Auswirkungen einer Beschwerde, müssen danach systematisiert ausgewertet werden, um wiederkehrende Fehlerquellen künftig ausschalten zu können. Letztlich müssen die Informationen so aufbereitet sein, daß sie vom Kundencoach schnell bewertet werden können, um daraus konkrete Maßnahmen abzuleiten, die er dem Anrufer anbieten kann. (vgl. Haas & von Troschke, 2007, S. 139f)

Beschwerden auswerten

Die Auswertung der Beschwerdegründe legt die Basis für ein vorausschauendes Qualitätsmanagement, das die eigenen Produkte und Prozesse kontinuierlich optimiert.

➔ Qualität durch Beschwerden

Auswertungen können nach unterschiedlichsten Kriterien erfolgen. Dazu bieten die folgenden Fragen explizit Unterstützung:
- Wie schnell werden Beschwerden bearbeitet?
- Wie hoch sind die Kosten pro Beschwerdebearbeitung?
- Wie viele Kontakte werden benötigt, um den Kunden zufriedenzustellen?
- Haben wir unsere Ziele erreicht?
- Wenn ja, was war gut und sollte verstärkt werden?
- Wenn nein, was fehlt noch?
- Was ändern wir deshalb?
- Was sind die nächsten Schritte, die wir einleiten?
- Wie ist die Kundenentwicklung der sich beschwerenden Kunden?

Die systematische Auswertung von Beschwerden erspart dem Unternehmen teure Kundenbefragungen. Das Unternehmen erhält diese Informationen aus seinem Beschwerdemanagement-System jederzeit und kostenlos. (ebd.)

Zur Clusterbildung in der Auswertung dient auch das 3P-Modell (vgl. Haeske, 2001, S. 34ff). Die 3P stehen für Person, Produkt und Prozeß. Damit können die Probleme und Ursachen der Beschwerden diesen 3 P's zugeordnet und damit leichter Erkenntnisse daraus gewonnen werden.

Beschwerden dokumentieren

Das Unternehmen kann über verschiedene Statistiken und Reports den Prozeß der Beschwerdebearbeitung kontrollieren. Über die inhaltliche Auswertung können Schwachstellen erkannt und weitere Maßnahmen abgeleitet werden. So gelingt es, Kosten und Nutzen des Beschwerdemanagements zueinander in Beziehung zu setzen und damit auch den Gewinn zu kontrollieren. Die über die Beschwerdeanalyse identifizierten Ursachen sollten dann mit konkreten Zielen und Maßnahmen angegangen werden. (vgl. Haas & von Troschke, 2007, S. 141)

3.2.2 Beschwerdemanagement optimieren – Beschwerden minimieren

Nach der Auswertung der Beschwerdemanagement-Berichte ist eine konsequente Umsetzung der Erkenntnisse angezeigt. Dabei geht es nicht nur um die Verbesserung von Produkten oder Dienstleistungen, sondern auch um die kontinuierliche Verbesserung des Beschwerdemanagement-Systems unter Einbezug und Beteiligung der Mitarbeitenden. So gewinnt man neue Impulse und motivierte Mitarbeitende, weil sie involviert sind und selbst den Fortschritt gestalten können. (ebd.)

Eine wirkungsvolle Optimierung gelingt durch Fokus auf weiche Faktoren (emotionale Ebene mit der ‚Macht der Gefühle'), wie zum Beispiel:
- Schlechte Erreichbarkeit
- Unaufrichtigkeit, Überheblichkeit, Unfreundlichkeit
- Mangel an Qualifikation
- Unmotivierte Mitarbeiter
- Geringschätzendes Verhalten gegenüber Kunden
- „Nach-mir-die-Sintflut"-Einstellung

Harte Faktoren, wie zum Beispiel Produkt falsch geliefert usw., sollen selbstverständlich auch laufend optimiert werden. Auf Grund der nachweisbaren Tatsachen können Beschwerden, die auf harten Fakten basieren, in der Regel schneller zur Zufriedenheit des Kunden gelöst werden als bei weichen Faktoren. Weil diese jedoch weniger die Gefühle beeinflussen, ist es ratsam die Aufmerksamkeit mehr auf die weichen Faktoren zu richten.

Tipps zur weiteren Optimierung des Beschwerdemanagements:
- Auseinandersetzung mit der eigenen Beschwerdemanagement- resp. Unternehmens-Kultur
- Alle Beteiligten von der Sinnhaftigkeit des Beschwerdemanagements überzeugen
- Einstellung zum Kunden verbessern
- Internes und externen Kommunikationsmanagement systematisch verbessern
- Schnelle Erreichbarkeit sicherstellen
- Konfliktfähige Kommunikation etablieren
- Rationale und emotionale Akzeptanzbarrieren überwinden helfen
- Angst vor Beschwerden überwinden und konstruktiver Umgang damit verbessern
- Permanente Weiterqualifizierung der Mitarbeitenden
- Vorteile von Beratungs- und Konfliktcoaching nutzen
- Eigenverantwortliche Lösungsprozesse und win-win-Situationen fördern
- Nötige Kompetenzen den Kundencoachs delegieren
- Klare Arbeitsabläufe definieren
- Software laufend auf dem neusten Stand halten, insbesondere Integration der Module zur

Planung, Steuerung und Auswertung
- Auf die weichen Faktoren besonders achten
- Spielregeln im Beschwerdemanagement aufstellen (vgl. Haas & von Troschke, 2007, S. 143f)

3.2.3 Die personalpolitische Dimension

Die personalpolitische Dimension des Beschwerdemanagements liegt im Wesentlichen darin, dafür zu sorgen, daß die Kundencoachs durch umfassende Ausbildung und Qualifizierung auf die Bewältigung der Beschwerden vorbereitet werden. Durch eine entsprechende Qualifikationsmaßnahme erhalten sie die gewünschte Sicherheit, die Beschwerden angemessen zu bewältigen. Dabei ist eine kontinuierliche Fortbildung als wesentlicher Erfolgsfaktor für das Unternehmen zu betrachten, nicht einfach nur als Kostenblock. Dies ist eine wichtige Basis zur Erreichung einer kundenorientierten Reklamationskultur.

Weiterbildungs- und Qualifizierungs-Module für Mitarbeitende im Beschwerdemanagement sind:
- Grundlagen der zwischenmenschlichen Kommunikation
- Verbesserung der Fach- und Methodenkompetenz
- Telefon- und Stimmtraining
- Vor-Ort-Betreuung durch einen Telefoncoach
- Regelmäßiger Erfahrungsaustausch
- Verbesserung der Kommunikationsfähigkeiten
- Verbesserung der sozialen und emotionalen Kompetenz
- Konfliktfreie Kommunikation
- Techniken des Stressabbaus

Auf Grund des rasenden technischen Fortschritts und den entsprechend neuen Anwendungsmöglichkeiten, sollten die Informatiksysteme, besonders im Beschwerdemanagement, den sich ändernden Bedürfnissen proaktiv angepaßt werden. Dies bringt gleichzeitig eine Standardisierung, ja fast schon Industrialisierung, des Beschwerdemanagements mit sich. Würde erst auf die veränderten Kundenbedürfnissen reagiert, müßte nachtrainiert werden und das Unternehmen hätte womöglich einen Rückstand gegenüber der Konkurrenz aufzuholen. Dabei ist jedoch stets sicherzustellen, daß der direkte und persönliche Draht zum Kunden nicht zu stark verloren geht. (vgl. Haas & von Troschke, 2007, S. 145)

3.2.4 Instrumente zur Gesprächsvorbereitung und Gesprächsnachbereitung, sowie zur Beschwerdeanalyse

„Viele Unternehmen üben am Kunden, vergraulen ihn und wollen dann kostenintensiv lernen, wie man neue Kunden gewinnt. Wenn man vorher üben würde, benötigte man auch weniger Seminare zur Neukundenakquisition." (Haas & von Troschke, 2007, S. 146)

Gesprächsvorbereitung

Die Gesprächsvorbereitung dient dazu Sicherheit in der Gesprächsführung zu gewinnen, damit auch professionell auf eine Beschwerde reagiert werden kann, statt den Anrufer hilflos in der Warteschlaufe hängen zu lassen oder ihm dem Nächstbesten zu verbinden und somit seinen Ärger noch zu vergrößern. Neben Kundenname, Lieferdatum, Auftragsnummer sollten dabei die Fragen gemäß Anhang 2 beantwortet werden. (vgl. Haas & von Troschke, 2007, S. 146ff)

Gesprächsnachbereitung

Nach jedem Kundenkontakt ist das Gespräch mit Hilfe einer Checkliste (siehe Anhang 2) zu reflektieren. (ebd.)

Auf Grund des Arbeitsdrucks wird es realistischerweise kaum möglich sein nach jedem Gespräch direkt anschließend die Reflektion durchzuführen. Trotzdem empfiehlt der Autor dies so oft wie möglich zu tun, und dafür die nötige Zeit zu reservieren.

Beschwerdeauswertung und Controlling

In den Bereich der Beschwerdeauswertung und Controlling gehört ebenfalle die Beantwortung einer Reihe von Fragen (siehe Anhang 2). (ebd.)

3.3 Psychologie des Beschwerdemanagements

Emotionale Bedürfnisse geben dem rationalen Denken erst eine Richtung. Diese Aufteilung in Emotionalität und Rationalität entspricht dem bekannten Gegensatzpaar von Herz und Verstand. Die meisten unserer Entscheidungen fallen unbewusst und werden erst nachträglich vom Verstand gerechtfertigt, in dem Sinne rational erklärt. Nur wenn Verstand und Gefühle zusammengeführt sind, kann bei der Handlungsfähigkeit das Optimum erreicht werden. Mit zunehmender Dauer des Geschäftsverhältnisses gewinnt die Beziehungsebene, gegenüber der Sachargumente die beim ersten Kaufentscheid noch entscheidender waren, langfristig an Gewicht. Dies muß im Beschwerdemanagement mit Vorteil mitberücksichtigt werden. Die dabei relevanten Faktoren sind:

- Emotionale Intelligenz
- Konfliktfähigkeit
- Stressresistenz
- Freude am Job
- Positives Menschenbild

Je positiver die mentale Grundkonstitution der Kundencoachs ist, desto eher gelingt die Beschwerdebearbeitung und Problemlösung mit Empathie, Energie und Enthusiasmus. (vgl. Haas & von Troschke, 2007, S. 31ff)

3.3.1 Emotionale Intelligenz und Empathie

„Die emotionale Intelligenz ist ein aktives Vermögen und nicht nur ein passives Erlebnis. Wesentlich ist, mit eigenen und fremden Gefühlen umzugehen. Emotionale Intelligenz als Fähigkeit ist Gegenspieler und Ergänzung zur rationalen Intelligenz (IQ)."
(Scheler, 1999, S. 20)

Mit Blick auf das Beschwerdemanagement ist das Zusammenspiel von Emotionen und Rationalität besonders interessant. Emotionen sind gut und wünschenswert. Sie machen uns nur dann zu schaffen, wenn wir uns von ihnen beherrschen lassen. Der emotional kompetente Kundencoach geht jedoch bewußt mit seinen Emotionen um und setzt sie konstruktiv und lösungsorientiert ein. Zwischen positiven und negativen Emotionen soll bewußt unterschieden werden. Die positiven Emotionen erzeugen beim Kunden ein Wohlgefühl und steigern seine Bereitschaft, sich mit den angebotenen Lösungsansätzen zu befassen und einen davon zu akzeptieren. Ärger und Wut als Beispiel für negative Emotionen sind bei den Kunden wie bei den „Zuhörern" schädlicher und viel intensiver. Wenn es dem Kundencoach nicht gelingt eine emotionale Brücke zum Kunden zu bauen, ist es vergeblich zu versuchen sich auf der rationalen Ebene zu verständigen. Die Menschen sind keine Automaten, deren Gefühle einfach ein- und ausgeschaltet werden können.

Eine unpersönliche Überzeugung ist auch nicht möglich und der Überzeugungsvorgang ist immer mit Emotionen verbunden. Demzufolge muß immer zuerst eine positive Beziehung aufgebaut werden, die den Überzeugungsvorgang einleitet. Wichtig ist sich vor einem Gespräch auf den Gesprächspartner vorzubereiten und sich auf ihn einzustellen. Bei einem Anruf des Kunden fehlt diese Möglichkeit. Dann muß dies durch aktives Zuhören und Fragen kompensiert werden. Ergebnis, beim aktiven Zuhören, Fragen stellen und auf die eigenen Gefühle und die des Kunden zu achten, ist:

- Eine emotionale Brücke wird aufgebaut
- Effektive Kundengespräche können geführt werden
- Annahmen und Prognosen fallen realistischer aus
- Lösungsansätze werden für den Kunden annehmbar
- Eine einvernehmliche Lösung kommt schneller zu Stande
- Änderung des Kunden zu: Du bist O.K. – Ich bin O.K.

Durch Empathie wird das Verhalten durch gutes Einfühlungsvermögen der Befindlichkeit des Gesprächspartners angepaßt, was auch eine entsprechende Reaktion bedeutet. Für Mitarbeiter im Beschwerdemanagement gehört es zur Aufgabe sich zu entschuldigen. Es geht jedoch nicht darum, sich gleich für den Beschwerdegrund zu entschuldigen, sondern für die negativen Gefühle und Unannehmlichkeiten, die dieser verursacht hat. (vgl. Haas & von Troschke, 2007, S. 34)

„Es ist besser ein Geschäft als den Kunden zu verlieren!" (Haas & von Troschke, 2007, S. 35)

3.3.2 Gewaltfreie Kommunikation

Die von Marshall B. Rosenberg (2005) entwickelte „Gewaltfreie Kommunikation" ist im Umgang mit Beschwerden besonders nützlich und erfolgsversprechend. Darin geht es um die folgenden vier Komponenten:

1. Beobachtungen
2. Gefühle
3. Bedürfnisse
4. Bitten

Die vier Komponenten verknüpft mit dem Prozeß der Gewaltfreien Kommunikation ergibt folgendes:
- Konkrete Handlungen, die wir **beobachten** können und die unser Wohlbefinden beeinträchtigen;
- Wie wir uns *fühlen*, in Verbindung mit dem, was wir beobachten;
- Unsere **Bedürfnisse**, Werte, Wünsche usw., aus denen diese Gefühle entstehen;
- Die konkrete Handlung, um die wir **bitten** möchten, damit unser aller Leben reicher wird (formuliert in positiver Handlungssprache).

Dieses Modell kann auf zwei Arten angewendet werden:
1. Sich mit Hilfe der vier Komponenten ehrlich ausdrücken
2. Mit Hilfe der vier Komponenten empathisch zuhören.

Die Fähigkeit, Empathie zu geben, ermöglicht es, verletzlich zu bleiben, potenzielle Gewalt zu entschärfen, das Wort „nein" zu hören, ohne es als Zurückweisung zu verstehen, ein totgelaufenes Gespräch wiederzubeleben und sogar Gefühle und Bedürfnisse zu hören, die schweigend ausgedrückt werden.

In der Anwendung im Umgang mit Beschwerden soll stets Verantwortung über die eigenen Gedanken, Gefühle und Handlungen übernommen werden. Äußerungen in der sogenannten Amtssprache leugnen diese Verantwortung und sollten wenn immer möglich vermieden werden. Beispiele dafür sind:
- „Das mußte ich tun."
- „Befehl von oben."
- „Der Chef will es so."
- „Firmenpolitik."
- „Wegen der Gleichbehandlung kann ich nichts tun."
- „So sind die Gesetze."

Die Gewaltfreie Kommunikation hilft mit sich selber und den Mitmenschen so in Kontakt zu kommen, daß sich das natürliche Einfühlungsvermögen des Menschen wieder entfalten kann. Die eigene Ausdrucksweise und das Zuhören kann durch Fokussierung des eigenen Bewußtseins auf vier Bereiche umgestaltet werden: was wir beobachten, fühlen und brauchen und worum wir bitten wollen, um unsere Lebensqualität zu verbessern. Die Gewaltfreie Kommunikation fördert intensives Zuhören, Respekt und Empathie, und sie erzeugt einen beiderseitigen Wunsch, von

Herzen zu geben. Die einen nutzen dies um mit sich selbst einfühlsam umzugehen, andere vertiefen damit ihre persönlichen Beziehungen, und wieder andere bauen sich so bessere Kontakte am Arbeitsplatz oder in der Politik auf. Die Gewaltfreie Kommunikation wird eingesetzt, um bei Auseinandersetzungen und Konflikten auf allen Ebenen zu vermitteln. Entsprechend ist dieses Modell ideal für den Einsatz im Umgang mit Beschwerden und dessen Lösungsfindungsprozess. Dabei werden vier Reaktionsmöglichkeiten auf negative Äußerungen erkannt und das Bewußtsein darüber ist entsprechend relevant:

1. Uns selbst die Schuld geben
2. Anderen die Schuld geben
3. Unsere eigenen Gefühle und Bedürfnisse wahrnehmen
4. Die Gefühle und Bedürfnisse der anderen wahrnehmen

Beim Ausdruck einer Wertschätzung werden bei der Gewaltfreien Kommunikation drei Bestandteile unterschieden:

1. Die Handlungen, die zu unserem Wohlbefinden beigetragen haben
2. Unsere jeweiligen Bedürfnisse, die sich erfüllt haben
3. Die angenehmen Gefühle, die sich durch die Erfüllung dieser Bedürfnisse eingestellt haben

In der Bearbeitung von Beschwerden lohnt es sich in den Augen des Autors der Wertschätzung dem Kunden gegenüber Ausdruck zu verleihen.

3.3.3 Konfliktfähigkeit

Ein konfliktfreies Leben ist kaum zu realisieren. Im Beschwerdemanagement geht es genau darum: Es läuft eben nicht immer alles perfekt. Kunden sind Menschen und sind keine Maschinen. Gerade wegen ihrer Menschlichkeit und Unberechenbarkeit entstehen Fehleinschätzungen, die schnell zu Enttäuschungen, Ärger und Konflikten führen können. Natürlich gibt es weitere Auslöser für Ärger wie zum Beispiel: offensichtliche Fehler, zu späte Lieferung, schlechte Qualität oder Produktemängel. Um die Konflikte in Angriff zu nehmen, zu bewältigen oder bereits im Vorfeld präventiv zu lösen, wird gute Konfliktfähigkeit benötigt. Dabei ist auch eine gewisse mitfühlende Distanz zur beschwerenden Person nötig und zu bewahren. Dies trotz aller emotionalen Betroffenheit des Zuhörers, die sonst zu einer Zermürbung führen könnte.

In diesem Zusammenhang ist die Unterscheidung zwischen einem Problem und einem Konflikt wichtig. Bei einem Problem stehen sich die Beteiligten, mindestens am Anfang noch, wohlwollend gegenüber und suchen nach einer Sachlösung. Bei den meisten Beschwerden ist dies der Fall. Bei einem Konflikt tritt in der Regel der wohlwollende Faktor in den Hintergrund und die Emotionen rücken in den Vordergrund. Eine sachbezogene Lösung wird dabei immer schwieriger. Dabei wird mehr Zeit eingesetzt um die eigene Position zu verteidigen und weniger eine für beide befriedigende Lösung zu finden. Diese Blockade kann mit dem etablierten Harvard-Verhandlungskonzept und seinen fünf Grundsätzen gelöst werden. Beim Verhandeln um Positionen gilt:

1. Menschen und Probleme getrennt voneinander behandeln.
2. Nicht Positionen, sondern Interessen in den Mittelpunkt stellen.
    a. Wer um Positionen verhandelt, tendiert dazu, sich stark an die Position zu binden.
    b. Die dahinterliegenden Probleme und Interessen werden verdeckt.
    c. Verhandlungen um Positionen werden zum Willenskampf (schlechte Beziehung).
    d. Die Verhandlung gerät ins Stocken (wird ineffizient).
3. Vor der Entscheidung verschiedene Wahlmöglichkeiten entwickeln.
4. Das Ergebnis auf allgemeingültigen oder objektiven Entscheidungskriterien aufbauen: Wie ist der Marktpreis? Was ist gängige Praxis?
5. Eine Entscheidung für oder gegen eine Verhandlungsübereinkunft treffen, indem man sie mit der eigenen besten Alternative dazu vergleicht. (vgl. Haas & von Troschke, 2007, S. 35f)

„Verhandeln Sie nicht um Positionen, sondern berücksichtigen Sie die Interessen, die hinter den Positionen verborgen sind." (Haas & von Troschke, 2007, S. 37)

Das Wechseln eines Kunden zu einem Mitbewerber kann auch als gescheiterte Konfliktlösung bezeichnet werden. Damit diese Konfliktdynamik unterbrochen werden kann, lohnt es sich frühzeitig eine Lösung für ein Problem zu suchen. Dies ist in jedem Fall die schnellste und kostengünstigste Variante.

Gemäß Haas & von Troschke (2007, S. 38) lautet die entscheidende Frage: Wie soll grundsätzlich mit einem Konflikt umgegangen werden?

Auf diese Frage gibt es fünf verschiedene Antworten:

1. **Vermeiden**

   Die Konfliktvermeidung folgt der Strategie:

   Verlierer / Verlierer

   Vorteile: wenig Aktion, kaum Schäden, der Konflikt scheint gelöst, durch Nichtstun geregelt

   Nachteile: kein Lernanreiz, keine Weiterentwicklung, Passivität, das Gemeinsame geht verloren, keine Lösung und insofern unbefriedigend, der Konflikt kann erneut auftauchen, sobald die Konfliktpartner wieder da sind

2. **Durchsetzen**

   Die Durchsetzung folgt der Strategie:

   Gewinner / Verlierer

   Vorteile: unkompliziert, geistig anspruchslos, einmalig, dauerhaft, gründlich, eine Konfliktpartei überlebt, die andere wird vernichtet

   Nachteile: unkorrigierbar, inhuman, verbreitet Schrecken, nur eine Konfliktpartei überlebt, Weiterentwicklung gefährdet, positive Aspekte des Gegners werden eliminiert

3. **Nachgeben**

   Nachgeben folgt der Strategie:

   Verlierer / Gewinner

   Vorteile: überleben, Umkehrbarkeit, relativ schnell, wiederholbar, Unterworfener weiter „verwendbar", Arbeitsteiligkeit, Hierarchie

   Nachteile: Umkehrbarkeit, permanente Demonstration von Autorität beziehungsweise Kontrolle notwendig, Elend und Angst, willenlos und nicht regierbar, starre Rollenverteilung, Gefahr des Aufstandes

4. **Kompromiß suchen**

   Der Kompromiß folgt der Strategie:

   Gewinner / Gewinner und Verlierer / Verlierer

   Vorteile: eigene Erarbeitung des Ergebnisses, Kontrolle der Regelung durch die Parteien selbst, Teileinigung kann unter Prestigewahrung erzielt werden, Konfliktparteien sind selbst verantwortlich für erzielte Ergebnisse, Teilverantwortung der Betroffenen gegeben

   Nachteile: Neuverhandlung bei Verschiebung der Interessen oder Machtverhältnisse notwendig, Konflikt nur teilweise beigelegt, Zufriedenheit nur bis zu einem gewissen Grad gegeben

5. **Kooperieren**

Die Kooperation folgt der Strategie:

Gewinner / Gewinner

Vorteile: Konflikt ist vollständig bewältigt, intensiver Interessenaustausch, intensive Auseinandersetzung mit den Interessen des Konfliktgegners

Nachteile: langwierige Prozedur, Gefahr des Rückfalls auf frühere Stufen der Konfliktregelung – insbesondere Kampf, zeitaufwendig, anstrengend

Fazit:

Die Analyse der oben ausgeführten fünf Strategien nach Haas & von Troschke (2007, S. 38ff) zeigt, daß davon nur die folgenden drei im Beschwerdemanagement im Fokus stehen sollen. Bei Kleinigkeiten ist das „Nachgeben" die intelligenteste Verhaltensweise, auch wenn man kurzfristig als Verlierer gelten könnte. Langfristig zahlt sich ein eher großzügiges Verhalten aus. Der „Kompromiß" (beide gewinnen ein wenig und beide verlieren ein wenig) ist die zweitbeste Lösung. Die „kooperative Konfliktlösung" ist bei schwerwiegenden Sachverhalten (zum Beispiel bei großen Geldsummen oder Fragen von großer Bedeutung) diejenige mit der größten Chance auf langfristige Kundenbindung.

Weiterführende Literatur zum Thema Konflikt und Konfliktfähigkeit ist von Kritiktheoretiker F. Glasl zu finden. Im Rahmen dieses Buches wird jedoch nicht weiter darauf eingegangen.

3.3.4 Vertrauen

Dauerhafte Kundenbeziehungen zeichnen sich in erster Linie durch eines aus: Vertrauen! Selbstvertrauen und Selbstmotivation sind für den Kundencoach von großer Bedeutung, weil sie es ihm ermöglichen, seine Aufgaben dauerhaft mit Freude zu erfüllen. Bei den Kundenkontakten geht es im Besonderen auch um Vertrauen. Begriffe wie Zuverlässigkeit, Commitment, Wechselseitigkeit, Zusammenarbeit, Vereinbarung und Vertrag sind ohne Vertrauen kaum mit Leben zu füllen und bedingen einander. Dabei wird Vertrauen durch sehr viele Handlungen erworben und durch viele positive Erlebnisse weiter aufgebaut, aber kann durch nur eine einzige zerstört werden. Entscheidend dabei ist die eigene Haltung eines Unternehmens und ihrer Mitarbeitenden gegenüber eines Kunden, die wie folgt lauten sollte: Ein Kunde, der sich beschwert, ist unser bester Freund. (vgl. Haas & von Troschke, 2007, S. 44f)

3.4 Organisatorische Aspekte des Beschwerdemanagements

Mit der Einrichtung eines systematischen Beschwerdemanagements muß eine Reihe organisatorischer Fragen geklärt werden. In diesem Zusammenhang stellt sich vor allem die Frage nach dem anzustrebenden Grad an Zentralisierung resp. Dezentralisierung des Beschwerdemanagements. Wird ein Bereich Beschwerdemanagement eingerichtet, ist auch das Verhältnis von konzeptionell-strategischer Steuerung und operativen Aufgaben in einem Beschwerde-Center zu klären.

3.4.1 Zentrales, dezentrales oder duales Beschwerdemanagement

Mit einer idealtypischen Zweiteilung in ein rein zentrales oder rein dezentrales Beschwerdemanagement wird das komplexe Entscheidungsproblem jedoch unzulässig vereinfacht. Denn für viele Unternehmen ist es entweder zwingend erforderlich oder effizienter, eine Lösung mit zentralen und dezentralen Elementen, d.h. ein duales Beschwerdemanagement zu etablieren. (vgl. Stauss & Seidel, 2007, S. 521)
Es scheint wenig sinnvoll, eine spezifische organisatorische Lösung als optimal anzusehen. Stattdessen sind situative Faktoren zu identifizieren, die unterschiedliche Anforderungen an den Beschwerdemanagementprozess stellen.

Einflussfaktoren der Wahl zwischen zentralem, dezentralem und dualem Beschwerdemanagement
Eine Reihe von Faktoren beeinflußt die Wahl der Organisationsform. Dazu gehören vor allem die folgenden:
- Art des Produkts
- Kundenzahl und Kundenstruktur
- Art des Vertriebs
- Zentralität des Kundenkontakts

Am Beispiel einer Krankenversicherung haben wir die folgenden Merkmalsausprägungen:
- Art des Produkts → Dienstleistung
- Kundenzahl und Kundenstruktur → große Kundenanzahl (Einzelkunden und Unternehmungen)

- Art des Vertriebs ➔ direkter und indirekter Vertrieb
- Zentralität des Kundenkontakts ➔ dezentraler Kundenkontakt

(vgl. Stauss & Seidel, 2007, S. 522ff)

In der Situation einer Krankenversicherung stellt sich die Frage der Steuerung dezentraler Systeme. Versicherungsdienstleistungen werden im direkten Kontakt zum Kunden überwiegend dezentral von Service Centern erbracht. Die Kunden haben nur Kontakt zu Mitarbeitenden „ihres" Service Centers und wenden sich im Problemfall auch unmittelbar an diese. Allerdings besteht hier das – dienstleistungstypische – Problem, daß eine Vielzahl der vom Kunden erlebten Probleme auch vor Ort verursacht wurde. Daraus ergeben sich für manche Kunden Barrieren der Beschwerdeartikulation und für die Mitarbeiter Hindernisse der Beschwerdestimulierung und -weiterleitung. Beschweren sich nämlich Kunden in der Geschäftsstelle (Service Center), werden Mitarbeiter häufig mit selbst verursachten Fehlern konfrontiert, was die Gefahr der Verdrängung und Unterdrückung von Beschwerdetatbeständen mit sich bringt (Hansen, 1990).

In dieser Situation ist ein **duales**, das heißt sowohl zentrales als auch dezentrales Beschwerdemanagement erforderlich. Um Kunden<u>un</u>zufriedenheit sofort zu beseitigen, müssen die Mitarbeiter in den dezentralen Geschäftsstellen im Umgang mit dem unzufriedenen Kunden geschult, im Rahmen eines Empowerments mit Kompetenzen ausgestattet und zur Aufnahme von Beschwerdeinformationen veranlaßt werden. Um der Tendenz entgegenzuwirken, daß mündlich vorgetragene Beschwerden vom Kontaktpersonal unterdrückt, verzerrt oder selektiert werden, müssen zudem Kadermitarbeiter der dezentralen Geschäftsstelle regelmäßig beim Dienstleistungsprozess anwesend sein und durch eigene Präsenz Unzufriedenheit vorbeugen, erfassen und beseitigen. Darüber hinaus muß zentral eine Stelle eingerichtet werden, die jedem Kunden die Möglichkeit zur zentralen Unzufriedenheitsartikulation einräumt. (vgl. Stauss & Seidel, 2007, S. 531)

In einem solchen dualen System fallen sowohl zentral wie dezentral Aufgaben der Beschwerdestimulierung, -annahme, -bearbeitung und -reaktion an. Zudem sind – in unterschiedlichem Umfang – Funktionen der Auswertung, des Reportings und des Beschwerdemanagement-Controllings zu übernehmen.

Neben der Zuständigkeit für das Beschwerdemanagement auf der Zentralebene ist dafür Sorge zu tragen, daß auch auf den dezentralen Geschäftsstellen wesentliche Aufgaben übernommen und Mitarbeiter in die Lage versetzt werden, Kundenbeschwerden zielgerecht anzunehmen und zu bearbeiten.

Mindestens folgende Funktionen im Beschwerdemanagement sollen mit Vorteil in jedem Fall zentral vorgenommen werden:

- Die konzeptionelle Einbindung des Beschwerdemanagementsystems in den strategischen Gesamtrahmen des Unternehmens.
- Die Überwachung der Einhaltung von einheitlichen Prinzipien bei der Erfüllung sämtlicher Aufgaben des Beschwerdemanagements.
- Die Absicherung des Systems durch die Bereitstellung von Ressourcen und die Schaffung der erforderlichen Infrastruktur.

3.4.2 Die Organisationseinheit Beschwerdemanagement / Beschwerde-Center

Entscheiden sich Unternehmen dafür, die zentral vorzunehmende Aufgabenerfüllung organisatorisch zusammenzufassen, dann liegt es nahe, diese organisatorische Einheit als Bereich Beschwerdemanagement zu bezeichnen. Für eine effiziente Umsetzung der Aufgaben des Beschwerdemanagements ist dieser unternehmerische Handlungsbereich in den operativen Teil der Kontaktabwicklung (**Beschwerde-Center**) und den konzeptionell-steuernden Teil (**Leitung Beschwerdemanagement**) einzuteilen. (vgl. Stauss & Seidel, 2007, S. 537)

Verantwortung des Beschwerde-Centers für die operative Abwicklung von Beschwerden

Die direkte unternehmerische Schnittstelle zum Kunden, in der die wesentlichen operativen Aufgaben des direkten Beschwerdemanagementprozesses (insbesondere die Beschwerdeannahme, -bearbeitung und -reaktion) erfüllt werden, ist das Beschwerde-Center.

Durch die Zentralisierung der Kundenkommunikation in einem Beschwerde-Center macht deutlich, daß hier konsequent sämtliche Kommunikationskanäle zum Kunden gebündelt werden. Gleichgültig, ob sich der Kunde per Brief, Fax, E-Mail oder Telefon an das Unternehmen wendet, in jedem Fall laufen die Kundenartikulationen bei einer einzigen unternehmerischen Einheit ein. Für den Kunden hat das den Vorteil, daß er sich mit all seinen Anliegen nur mit einer einzigen Stelle in Verbindung setzen muß. Für das Unternehmen besteht somit die Möglichkeit, immer über den aktuellen Stand sämtlicher Kundendaten zu verfügen und damit die Qualität der Anliegenbeantwortung steigern zu können. Zudem sind aufgrund von Synergieeffekten und des hohen Professionalisierungsgrads erhebliche Kostenvorteile zu realisieren. (vgl. Stauss & Seidel, 2007, S. 538f)

Grundsätzlich, für alle in die operative Kontaktabwicklung involvierten Einheiten des Beschwerde-Centers, ist es sinnvoll, mehrere oder spezielle Mitarbeitergruppen mit unterschiedlichen Fachkompetenzen, Fähigkeiten und Aufgabenprofilen zu bilden, um eine effiziente Abwicklung sicherzustellen. Unter Beachtung des Überlappungsgrads der jeweils repräsentierten Kompetenzen und Aufgabenprofile ist es möglich, daß sich die einzelnen Gruppen in Spitzenzeiten gegenseitig unterstützen können.

Idealtypische Organisationsstruktur der operativen Einheit eines Beschwerde-Centers

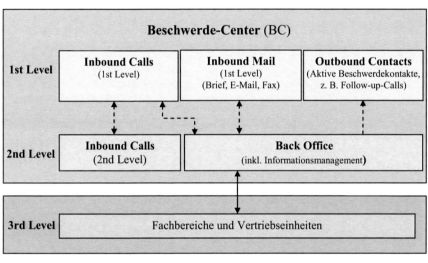

Abb. 6: Idealtypische Organisationsstruktur der operativen Einheit eines Beschwerde-Centers (in Anlehnung an Stauss & Seidel, 2007, S. 542)

1st-Level (Inbound Calls / Inbound Mail)

Im 1st Level sind Generalisten einzusetzen, die die große Menge unkomplizierter Beschwerdefälle möglichst sofort und abschließend auf weitgehend standardisierte Weise bearbeiten.

2nd Level (Back Office und Informationsmanagement)

Die Notwendigkeit, ein solches Team zu installieren, resultiert vor allem aus der Komplexität von Beschwerdeinhalten und der Dringlichkeit einer Problemlösung. Das Informationsmanagement beschafft die Informationen (neue Produkte, Konditionen, Service- und Unternehmensaktivitäten) in den Fachbereichen und Vertriebseinheiten (3rd Level) und stellt den Informationszugriff für die operativen Beschwerde-Center-Einheiten sicher. Ziel ist die Bearbeitungs- und Lösungskompetenz des Beschwerde-Centers zu stärken und die Einschaltung des 3rd Level mengenmäßig reduziert.

Leitung des Beschwerde-Centers mit ihren Aufgaben und Verantwortung
Aufgaben:
Zur Sicherstellung und Aufrechterhaltung der operativen Beschwerdeabwicklung hat die Leitung des Beschwerde-Centers eine Reihe von Management- und Führungsaufgaben wahrzunehmen. Mit konkretem Bezug zum Beschwerdemanagement sind vor allem folgende Aufgaben von Bedeutung:

- Direkter Beschwerdemanagementprozess:
    - Steuerung und Überwachung des direkten BM-Prozesses
    - Zentrale Verantwortung wahrnehmen, die Vorgaben für die Stimulierung, Annahme, Bearbeitung und Reaktion umzusetzen
    - Verantwortung wahrnehmen, die Qualität der Aufgabenerfüllung sicherzustellen
    - Definierte Qualitäts- und Produktivitätsstandards gegenüber Mitarbeitern kommunizieren und messen
- Indirekter Beschwerdemanagementprozess:
    - Aufgaben der Beschwerdeauswertung, Beschwerdereporting und des Beschwerdemanagement-Controllings
- Personalmanagement:
    - Umsetzung wichtiger personalpolitischer Aspekte des Beschwerdemanagements. Dazu gehört es die richtigen Mitarbeitenden mit der benötigten Sozial- und Emotionalkompetenz bzw. Methoden und Fachkompetenz rekrutiert werden und dafür gesorgt wird, daß alle Mitarbeitenden auf Basis fundierter Trainings- und Supervisions-Konzepte gemäß den ermittelten Schulungs- und Trainingsbedarfen gezielt und individuell weiterentwickelt werden.
    - Planung, die Berechnung sowie den Einsatz der Personalkapazitäten, die für die effiziente Bearbeitung der eingehenden Anliegen und zur Einhaltung der vereinbarten Service Levels benötigt werden (Workforce Management).
- Informationstechnologie:
    - Beherrschung der technologischen Aspekte
    - Kontinuierliche Information und Ausbildung des Personals bei allen anwenderbezogenen, systemtechnischen Fragestellungen sowie Realisierung von software-

technischen Anforderungen zur Optimierung der operativen Beschwerdeabwicklung.

Zu den oben aufgeführten Punkten bedarf es unternehmensintern eine Abstimmung der Aufgabenerfüllung zwischen der Leitung des Beschwerde-Centers und den unternehmerischen Funktionsbereichen wie IT-Management und Personalmanagement. (vgl. Stauss & Seidel, 2007, S. 544)

Verantwortung:

- Strategiegerechte Durchführung des direkten und indirekten Beschwerdemanagementprozesses
- Kontinuierliche Weiterentwicklung und Optimierung der Beschwerdemanagementprozesse, Bearbeitungsstandards, des Controllings und der Reports
- Softwareseitige Weiterentwicklung und Pflege des Konzepts zur Erfassung und Auswertung von Beschwerdeinformationen (vgl. Stauss & Seidel, 2007, S. 545ff)

3.4.3 Einordnung des Beschwerdemanagements in die unternehmerische Organisationsstruktur und ihre Kompetenzen

Die organisatorische Einordnung des Beschwerdemanagements betrifft die Frage, wie der Beschwerdemanagementprozess mit anderen unternehmerischen Prozessen verknüpft ist, welche Einflussrechte (Kompetenzen) ein Bereich Beschwerdemanagement zur umfassenden Funktionswahrnehmung benötigt und welche Konsequenzen sich aus diesen Überlegungen für die institutionelle Verankerung des Bereichs in der Unternehmensorganisation ergeben. (vgl. Stauss & Seidel, 2007, S. 555)

Der angestrebte Abbau von Kommunikationsbarrieren ist nur erreichbar, wenn der Bereich für die Entgegennahme sämtlicher Kundenprobleme konzipiert und so auch von den Kunden wahrgenommen wird. Die Beseitigung von individueller Kundenunzufriedenheit ist ebenfalls nur dann umfassend zu bewerkstelligen, wenn der Bereich Beschwerdemanagement über die Möglichkeit verfügt, die jeweils artikulierten Kundenanforderungen und -probleme in ihrer ganzen Breite entgegenzunehmen, zu analysieren und auf ihre Lösung zu drängen.

Ausgangspunkt für die Funktionswahrnehmung sind die Kunden und ihre Beschwerden. Es sind die darin enthaltenen Kundenprobleme, die es zu untersuchen und zu lösen gilt, die Ausbildungs- und Innovationsbedarf signalisieren. Entsprechend soll es vermieden werden, die umfassende kundenbezogene Zuständigkeit des Beschwerdemanagements inhaltlich zu begrenzen.

Bei diversen Handlungsfeldern bedingt es eine umfassende Zusammenarbeit mit weiteren internen Funktionsbereichen. Hier einige Bespiele aus der Praxis:

Maßnahme zur …	Kooperation mit …
Beschwerdestimulierung	Marketing, Vertrieb, Callcenter, Kundensupport
Beschwerdebearbeitung und -reaktion	Service-Center, Debitorenmanagement usw.
Kundensegmentspezifische bzw. individuelle Beschwerdereaktion	CRM oder Database Marketing, damit permanent eine Klassifizierung der Kunden nach Segmentzugehörigkeit und Kundenwert vorgenommen wird
Beschwerdeauswertung und Reporting	Produktmanagement und Marketing, damit die Auswertungen und Reports auf deren Bedürfnisse abgestimmt sind
Beschwerdeinformationsnutzung	Qualitätsmanagement / Fachführung
Beschwerdemanagement-Controlling	Unternehmens-Controlling
Weiterentwicklung der IT-Infrastruktur	IT-Abteilung

Insofern werden für alle Aufgabenbausteine des Beschwerdemanagementprozesses detaillierte Prozessdefinitionen und -modelldokumentationen benötigt, die auch die Schnittstellen zu anderen Abteilungen und die jeweiligen internen Kunden-Lieferanten-Beziehungen aufzeigen. Zudem sind bei standardisierten Prozessen Service Levels für die Antwortzeiten und Qualität der internen Dienstleistungen sowie institutionelle Formen der Beteiligung an Entscheidungsprozessen zu vereinbaren.

Kompetenzen des Beschwerdemanagements
Damit die verschiedenen Funktionen des Beschwerdemanagement erfüllt werden können, benötigt dieser Bereich eine weite Spannweite unterschiedlicher Einflussrechte, die vom Informati-

onsrecht bis zum Alleinentscheidungsrecht reichen kann. Diese müssen unternehmensspezifisch im Detail definiert werden. (vgl. Stauss & Seidel, 2007, S. 557ff)

Etablierung des Beschwerdemanagements als Stabsstelle, Linienfunktion oder in einer Matrixfunktion

Für die hierarchische Einordnung und die Ausstattung mit Entscheidungs- und Weisungsrechten stehen vor allem drei grundsätzliche Alternativen zur Verfügung, die jeweils in verschiedenen Varianten auftreten:

- Stabsstelle
- Linienfunktion
- Matrixorganisation

Bei einer größeren Krankenversicherung ist die Etablierung des Beschwerdemanagements in einer *Linienfunktion* anzustreben. Institutionalisiert als Teil eines Bereichs Operation kann ein Beschwerde-Center eine optimale Effizienz in Besonderen bei der internen Zusammenarbeit erreicht werden.

Vorteile:

- Nähe zum Kunden und zu den anderen Bereichen mit Kundenkontakt
- Eindeutige Verantwortung für die Erreichung der Ziele im Beschwerdemanagement
- Strategische Verankerung des Beschwerdemanagements ist institutionell abgesichert
- Kundenorientierte Integration der Kundendaten aus allen operativen Bereichen

Nachteile:

- Verlust des unmittelbaren Zugangs zur Unternehmensleitung
- Einfluß von anderen Bereichen mit Zielkonflikten (Daher muß das Beschwerdemanagement mit ausreichenden Kompetenzen ausgestattet sein.)

(vgl. Stauss & Seidel, 2007, S. 561ff)

3.5 Technologische Aspekte des Beschwerdemanagements

Insbesondere bei erheblichen Beschwerdeaufkommen, welches in der Krankenversicherungsbranche durchaus vorkommt, können die Aufgaben des Beschwerdemanagements unter Verwendung von Softwareprogrammen wesentlich effizienter realisiert werden. Diese Programme müssen jedoch in ein inhaltlich-organisatorisches Gesamtkonzept des Beschwerdemanagements konsistent eingebunden sein. Die Entscheidung für eine spezielle Beschwerdemanagementsoftware oder eine integrative CRM-Lösung muß primär unter fachlicher Perspektive, sekundär nach wirtschaftlichen und IT-strategischen Gesichtspunkten erfolgen.

3.5.1 Funktionale Anforderungen an eine Beschwerdemanagement-Software

„Die Beschwerdemanagementsoftware muß vor allem in der Lage sein, eine vollständige, strukturierte und schnelle Erfassung der Beschwerdeinformation zu gewährleisten, den Bearbeitungsprozess einschließlich Termin- und Kommunikationsmanagement zu steuern, die Aufgaben des Beschwerdemanagement-Controllings zu unterstützen und differenzierte Formen der Auswertung und des Reportings zu ermöglichen."
(Stauss & Seidel, 2007, S. 679)

Mit diesem Zitat ist eigentlich schon fast alles gesagt. Ergänzend dazu sind folgende Konkretisierungen relevant:

- Eine wichtige Möglichkeit, den Bearbeitungsprozess insbesondere bei schriftlich artikulierten Beschwerden zu erleichtern, besteht darin, ein **Dokumentenmanagementsystem** (DMS) in die Beschwerdemanagementsoftware zu integrieren oder anzubinden. Beschwerdebriefe wie auch zusätzlich vom Beschwerdeführer eingereichte Unterlagen können eingescannt, einem Beschwerdevorgang gezielt zugeordnet und weiterbearbeitet werden, indem beispielsweise wichtige Textpassagen farblich hervorgehoben werden oder das Schriftstück mit Kommentaren und Bearbeitungsvermerken versehen wird. Im Weiteren können Emails, Telefonnotizen usw. manuell mit Hilfe einer Drag&Drop-Funktion in das DMS eingecheckt werden, und so in den elektronischen Bearbeitungsprozess integriert werden. Innerhalb des DMS können die zusammengehörenden Dokumente virtuell verknüpft werden. Bei komplexeren Beschwerdefällen dient ein elektronisches Dossier als Unterstützung. Indem Beschwerdevorgänge zusammen mit den Dokumenten mit Hilfe der Beschwerdemanagementsoftware an die verantwortlichen Personen weitergeleitet werden, entfällt das parallele und zeitverzögerte Versenden entsprechender Kundenkorrespondenz, und der Bearbeitungsprozess wird beschleunigt.
- Im Bearbeitungsprozess wirkt eine Integration einer **Workflow-Engine** sehr hilfreich und nützlich. Damit wird eine lückenlose Dokumentation und Terminüberwachung sowie den permanenten Status-Check gewährleistet.

3.6 Beschwerdegespräche in der Praxis

Wie gelingen diese Wunder bei denen ein lauter wütender Kunde nach wenigen gesprochenen Sätzen mit einem Mitarbeiter wieder ganz zufrieden, guter Laune und mit der angebotenen Lösung einverstanden ist? Wie können die Kunden positiv aufgefangen werden? Dazu wird ein schrittweises Vorgehen mit einem roten Faden für das Beschwerdegespräch empfohlen. Die klassischen Fettnäpfchen werden dabei erkannt und sollen wenn immer möglich umschifft werden.

„Die Wirkung Ihrer Sprache hängt immer vom Inhalt ab, d. h. von dem, »was« Sie sagen, sowie von der Art und Weise, »was« Sie dabei mit anderen Sprechen." (Vogel, 2006, S. 58)

3.6.1 Die 5 Stufen des Beschwerdegesprächs

Das „direkte Beschwerdegespräch" gliedert sich in folgenden 5 Stufen (vgl. Haas & von Troschke, 2007, S. 48ff):
1. Gesprächseröffnung
2. Entspannung der Situation
3. Klärung der Sachlage
4. Problemlösung
5. Abschluß

Jede einzelne Stufe muß kompetent bewältigt werden. Die erfolgreiche Bewältigung einer Stufe bildet die Basis für die nächste Stufe. Keine Stufe darf übersprungen werden.

Beobachten ist jedoch als Voraussetzung für den Erfolg die positive Grundeinstellung mit den folgenden Ausprägungen:
- ➢ Eine Beschwerde soll nie persönlich genommen werden. Eine Beschwerde richtet sich fast nie gegen einen bestimmten Mitarbeiter selber.
- ➢ Verständnis für die Verärgerung des Kunden gibt ihm das Gefühl, ernst genommen zu werden.
- ➢ Ein Mitarbeitender soll stets ruhig bleiben und darf sich nicht provozieren lassen.
- ➢ Auch Bagatellschäden sollen ernst genommen werden. Der Eindruck der Gleichgültigkeit soll vermieden werden.

Gesprächseröffnung

In der Phase der Gesprächseröffnung entscheidet sich, ob das Gespräch positiv oder negativ verlaufen wird. Ziel dabei ist eine konstruktive Atmosphäre zu schaffen. Mit einer kurzen und herzlichen Begrüßung kann bereits viel Druck aus der Reklamation genommen werden. Langsames und verständliches Sprechen ermöglicht schnelleres Verstehen und bringt Ruhe ins Gespräch. Die Zuständigkeit soll frühzeitig mit zwei bis drei Fragen geklärt werden damit der Kunde maximal einmal an die zuständige, für dieses Anliegen kompetente, Person verbunden werden muß. (ebd.)

Entspannung der Situation

Bekanntlich ist das jeweilige Maß der Verärgerung typ- und situationsabhängig. In diesem Zusammenhang wird dabei oft von der „Frustrationstoleranz" gesprochen. Bei der einen Person ist diese niedrig (frühzeitige Aggression oder Depression), bei einer anderen Person ist diese sehr hoch (Gefühl der Eigenverantwortlichkeit schafft Fähigkeit zur Kompensation von Enttäuschungen). Zum Beispiel haben die Einen einen Kratzer am Gerät entdeckt und werden diesen nur moderat monieren, die Anderen fragen sich, warum gerade sie vom Schicksal so geschlagen wurden, daß ihr Laptop nach der dritten Reparatur schon wieder komplett abstürzt. Der Ärger ist hier am Siedepunkt.

Das bekannte Eisbergmodell zeigt anschaulich wie nur die sichtbare Spitze des Eisbergs die Sachebene bildet. Die unter der Wasseroberfläche befindliche große Masse die Beziehungsebene bildet. Daher ist es so wichtig, die Beziehungsebene zu fokussieren und eine „günstige Strömung" zu erzeugen. Eine aufmerksame Wahrnehmung hilft die unzähligen Eindrücke zu filtern, die unsere Sinne gleichzeitig erhalten, um diese auch zu sortieren. Je besser, sensibler und geschulter die unterschiedlichen Situationen und Personen erfaßt werden, desto besser und gezielter ist die Reaktionsfähigkeit.

Wie Peter F. Drucker, der Pionier der modernen Managementlehre, festgestellt hat, ist das Wichtigste in einem Gespräch „zu hören, was nicht gesagt wurde". Kunden die sich beschweren sind oft aufgeregt und bringen ihr Anliegen unsortiert vor. Deshalb besteht die Aufgabe zunächst darin, genau zuzuhören und den Anrufer nicht zu unterbrechen. Mit der ganzen Aufmerksamkeit beim Kunden sendet ein Kundencoach folgende Signale: „Ich bin jetzt ausschließlich für Sie da und will genau verstehen, worum es geht und was ihre emotionalen Bedürfnisse sind." Besonders bei einem Telefonat sind verbale Signale, sogenannte „soziale Grunzlaute" wie „Ja" - „aha" - „hmm", als Zeichen der Aufmerksamkeit nötig.

Bei einem persönlichen Gespräch kommen zusätzlich folgende nonverbale Signale zum Einsatz:

- zugewandte Körperhaltung
- leicht seitlich geneigter Kopf
- leichtes Nicken mit dem Kopf
- Blickkontakt
- Notizen machen

Beim Telefonat wie bei persönlichen Gespräch gilt zusätzlich folgendes:
- Hauptpunkte und Schlüsselwörter wiederholen
- nachfragen
- zusammenfassen

Einfühlungsvermögen wird gezeigt, indem Verständnis geäußert und die Gefühle des Kunden offen angesprochen werden. Durch das Verbalisieren seiner Gefühle wird dem Gesprächspartner gezeigt, daß der Kundencoach ihn verstanden hat. Dabei soll der Kunde auch dazu ermutigt werden sein Problem und seinen Ärger vollständig loszuwerden. Mit geschulter Wahrnehmung wird die tatsächliche Befindlichkeit des Beschwerdeführers erkannt. Damit kann er bei seinen Gefühlen „abgeholt" werden und so zur Entspannung beigetragen werden. (ebd.)

Klärung der Sachlage

In dieser Phase wird das Ausmaß, die Ursache und den Kern des Problems durch gezieltes Fragen ermittelt und das Problem zusammengefaßt. Dies zeigt dem Kunden, daß die Wichtigkeit seines Anliegens verstanden wurde und ob dem Kundencoach eine sorgfältige Lösung gelegen ist. Im Weiteren gilt hier: fragen, fragen, fragen. Es ist erstaunlich, wie viel und wie oft interpretiert, vermutet und unterstellt wird, statt einfach zu fragen. Hier gilt besonders zu beachten: Überstürzte Antworten und voreilige Lösungsangebote führen nämlich eher zu einer weiteren Verstimmung.

Es lohnt sich alle üblichen Fragetechniken und -formen einzusetzen, wie offene Fragen, geschlossene Fragen, Alternativfragen, Rhetorische Fragen, Suggestivfragen und Gegenfragen. Besonders mit den offenen Fragen (W-Fragen) werden viele Informationen gesammelt. Vorher ist aber wichtig, daß der Kunde über das Vorgehen, seinen Nutzen und die ungefähr benötigte Zeit informiert wird, und darüber sein Einverständnis abgeholt wird. Höflich verpackte Fragen und Rückversicherungsfragen sind besonders zu empfehlen.

Zu vermeiden gilt hingegen das Fragen mit „Warum" weil dies wie ein Vorwurf oder Anklage wahrgenommen wird und Streß verursacht. Auf Grund der Ausschüttung von Stresshormonen gerät der Beschwerdeführer in eine Verteidigungshaltung oder wird angriffig. Dies wäre für die Beschwerdebearbeitung in dieser Phase ein herber Rückschlag.

Die 3-I-Struktur hilft für die thematische Strukturierung:
1. Ist-Zustand mit Vorgeschichte der Beschwerde
2. Idealzustand → Ziel des Kunden
3. Interesse an einer gemeinsamen Lösung entwickeln

Dabei ist es wichtig und hilfreich die besprochenen Punkte zu notieren und als Gesprächsprotokoll zusammenzufassen. Für den Kunden wird quasi „schwarz auf weiß" sichtbar, ob er richtig verstanden worden ist und merkt, daß er wichtig und ernst genommen wird. (ebd.)

Problemlösung
Im Anschluß an die sachliche Erörterung in der abgeschlossenen vorangehenden Phase gilt es dem Kunden eine adäquate Lösung anzubieten, die auf den erhaltenen Informationen basieren. Gewisse sehr hohe Forderungen müssen allenfalls nach Prüfung der Fakten modifiziert werden. Die Erfahrung zeigt dabei, daß die meisten Kunden ihre übertriebenen Forderungen nach einer gewissen Abkühlung von selbst reduzieren. Denn eine gute emotionale Annahme des Kunden bewirkt, daß er überzogene Forderungen zurückschraubt. Bei Konfrontation mit solchen Erwartungen ist in dieser Phase die Argumentation des Kundencoach wesentlich glaubhafter als zu Beginn des Gesprächs. Dies weil die Argumentation jetzt auf der Klärung des Sachverhalts aufbaut. Somit bietet es eine größere Chance auf Akzeptanz. (vgl. Stauss & Seidel, 2002, S. 206)

Eine sofortige Lösung ist dabei bei einer Beschwerde nicht immer zwingend erforderlich und auch nicht immer möglich. Zum Beispiel bei Lieferverzögerungen. Diese Beschwerden müssen auf eine andere Art gelöst werden. Eine Möglichkeit davon wäre eine proaktive Kommunikation an den Kunden. (vgl. Haas & von Troschke, 2007, S. 56ff)

Die juristischen Möglichkeiten sind bei der berechtigten Beschwerde klar definiert:
- Umtausch
- Minderung
- Nachbesserung
- Wandlung

Bei Umtausch ist der Kunde wieder zufrieden. Bei Minderung wird es für den Kunden eine akzeptable Lösung bedeuten. Die Nachbesserung hinterläßt einen schalen Nachgeschmack und

Unsicherheit. Bei Wandlung ist der Kunde finanziell schadlos aber selten im Interesse des Verkäufers weil der Umsatz für die gesamte Ware weg fällt.

In dieser Phase erwartet der Kunde Taten! Jeder Lösungsvorschlag soll dabei beim Kunden auf sein Einverständnis rückversichert werden. Wichtig ist den Lösungsvorschlag klar und präzise zu formulieren. Sich freundlich bemühen reicht nicht aus. Sonst vermuten die Kunden, daß fehlende Entscheidungs- und Fachkompetenz mit einem freundlichen, nichtssagenden Beruhigungsgeschwafel übertüncht wird.
Tipp zur Überzeugung anderer: Weg vom Ich – hin zum Du! Fragen Sie den Kunden
auch mal nach seiner Meinung.
Auf der Stirn des Gesprächspartners resp. Kunden klebt ein unsichtbares Schild mit der Aufschrift „Was habe ich davon?". Erst wenn diese Frage beantwortet ist, erwacht sein Interesse.
(vgl. Haas & von Troschke, 2007, S. 59ff)

Folgendes sollte in einem Beschwerdegespräch tunlichst vermieden werden:
- Ständig von sich zu sprechen: ich, ich, ich
- Fremdwörter, Abkürzungen und Fachsprache (es sei denn, der Gesprächspartner legt Wert darauf oder ist selbst vom Fach)
- Unterstellungen wie „Sie wissen bestimmt…" oder „Das kennen Sie sicher…"
- Prestigegehabe: „Ich habe schon viel gesehen, kenne alles…"
- Häufungen von Daten und Fakten
- Abschlussfragen ohne Vorbereitung

Besser geht's mit folgenden Empfehlungen, welche oft trainiert werden sollten:
- Den Kunden direkt ansprechen: „Ich sehe, Sie wissen, worauf es ankommt…"
- Stets den emotionalen Bereich des Kunden positiv ansprechen. Nur wenn ein Kunde sich emotional angesprochen fühlt, kann er überzeugt werden. Also von der rationalen in die emotionale Dialektik wechseln. (vgl. Lay, 2006, S. 24f)
- Seinen persönlichen Nutzen herauszustellen: „Damit Sie nicht nur schnell, sondern auch eine besonders gute Unterstützung vor Ort bekommen…"
- An seine Wünsche und Erwartungen anzuknüpfen: „Sie sagten, daß Ihnen ein guter Servicetechniker vor Ort besonders wichtig ist, das Sie das letzte Mail weniger gute Erfahrungen gemacht haben."
- Nachteile mit etwas Angenehmen aufzuweisen: „Der Techniker, den ich für Sie einplane,

kann erst übermorgen kommen, aber ich schicke Ihnen unseren besten Mann, Herrn Muster."
- Nach der Meinung des Kunden zu fragen: Sind Sie damit einverstanden?"

Dabei ist eine Kunst des Kundencoachs, wie ein Dolmetscher, eine Brücke zwischen technischen Argumenten zur Vorstellungswelt des Kunden zu schlagen. Die A-bis-Z-Regel bietet hier eine gute Unterstützung:

A	=	Argument
bis	=	bedeutet in der Sprache des Kunden
Z	=	Zusatzfrage

Praxisbeispiel:

A „Als Entschädigung für die Kratzer am Gehäuse schlagen wir Ihnen eine Minderung von 20 % des Kaufpreises vor"

bis „Dadurch sparen Sie Geld, denn Sie erhalten das Ware zu einem deutlich günstigeren Preis und bekommen ein technisch intaktes Gerät"

Z „Ist das nicht ein interessantes Angebot, was halten Sie davon?"

Geeignete Formulierungen, die den Nutzen vermitteln, sind unter anderem:
- …das erlaubt Ihnen…
- …das bringt Ihnen…
- …dadurch erreichen Sie…
- …dies ermöglicht Ihnen…
- …das steigert Ihren…
- …das verringert Ihren…
- …das garantiert Ihnen…
- …dadurch sparen Sie…
- …dadurch haben Sie folgenden Vorteil…

Oft kommt vor, daß dem Kunden nicht bereits beim Erstgespräch geholfen werden konnte. Dies ist zwar für beide Seiten nicht befriedigend, aber es schafft einen Spielraum, einen Fehler gründlich zu recherchieren, und bringt durch den zeitlichen Abstand zum Zweitgespräch in der Regel auch eine Entspannung mit sich. Wichtig dabei ist, genaue zeitliche Zusagen zu machen und diese auch verläßlich einzuhalten. (vgl. Haas & von Troschke, 2007, S. 62)

Abschluß

Ein bekanntes Sprichwort besagt: „Der erste Eindruck zählt und der Letzte bleibt." Entsprechend sind auch die Sekunden des Abschlusses wichtig und stets gut vorzubereiten. Beispiele für dankausdrückende Abschlußsätze:

- „Ich danke Ihnen für Ihre Geduld und Ihre wertvollen Angaben."
- „Ich danke Ihnen, daß Sie uns bei der Fehlersuche geholfen haben und bin froh, daß wir Ihnen helfen konnten!"
- „Wir danken Ihnen für die Hinweise, die Sie uns gegeben haben, nur so können wir etwas daran verbessern. Vielen Dank für Ihr Vertrauen zu uns."

Zuallerletzt sollen die nächsten Schritte festgelegt, zügig gehandelt und dies mit dem Kunden so vereinbart werden. Zum Beispiel so: „Wir unternehmen als jetzt … Ich kläre das in unserem Büro und sage Ihnen bis spätestens morgen Bescheid, was wir erreicht haben. Sind Sie damit einverstanden?" (vgl. Haas & von Troschke, 2007, S. 62f)

Zusammenfassung „Stufen des Beschwerdegesprächs"

1. **Gesprächseröffnung**
   Mit einer kurzen und herzlichen Begrüßung Druck aus der Reklamation nehmen, langsames und verständliches Sprechen für schnelleres Verstehen und Ruhe im Gespräch und mit wenigen Fragen die Zuständigkeit klären.
2. **Entspannung der Situation**
   Genaues, aktives Zuhören und den Anrufer nicht zu unterbrechen.
3. **Klärung der Sachlage**
   Ausmaß, die Ursache und den Kern des Problems durch gezieltes Fragen ermitteln und das Problem zusammenfassen. Hier gilt: fragen, fragen, fragen. Strukturierung der Antworten mit Hilfe der 3-I-Struktur.
4. **Problemlösung**
   Dem Kunden eine adäquate Lösung anbieten.
5. **Abschluß**
   Dem Kunden danken, die nächsten Schritte festlegen und zügig handeln!

Fazit:

Das Beschwerdegespräch kennt ein Ziel: Eine win-win-Situation. Erst wenn diese geschaffen ist, wird der Kunde wiederkommen resp. bleibt dem Unternehmen treu. Hier liegt das große Verdienst eines positiv eingestellten und kompetenten Kundencoach.

3.6.2 Exzellente Kommunikation mit NLP

NLP steht für „Neurolinguistisches Programmieren" und wurde von dem Psychologen Richard Bandler und dem Sprachwissenschaftler John Grinder entwickelt. Darin sind überraschend einfache, äußerst praxisnahe und wirksame Techniken enthalten, die das Ziel haben unsere Wirklichkeit mental, sprachlich und körperlich positiv zu beeinflussen und um negative Muster und Verhaltensweisen aufzulösen. Für den Umgang mit Beschwerden sind aus dem Gesamtkomplex NLP folgende 2 Methoden besonders nützlich:

1. Rapport   für einen guten, entspannenden Gesprächsstart
2. Metamodellfragen   für die Klärung des Sachverhalts

Rapport

„Rapport" meint in der Psychologie den unmittelbaren Kontakt. Das bedeutet in unserem Kontext, eine gute Beziehung zu seinem Gesprächspartner aufzubauen. Es ist eine Form von inniger Kommunikation und Vertrauen, die auf der Wahrnehmung von Ähnlichkeiten beruht (vgl. Sommer, 2003, S. 68)

Der erste Schritt in diesem Kontext ist das „Pacing" oder auf Deutsch „Spiegeln". Das Pacing ist beispielsweise in einer Café-Bar zwischen einem vertrauten Pärchen gut zu beobachten. Wenn sie zum Glas greift, tut er dies im selben Moment. Wenn er sich nach vorne beugt, folgt sie sogleich. Dies drückt Vertrauen, Harmonie und Zugewandtheit aus. Auch wenn eine andere Person bewußt gespiegelt wird, kann ein tiefer Rapport entstehen.

Keine Nähe entwickelt sich, wenn der andere das Gefühl hat, er werde wie durch einen Pantomimen nur nachgeahmt. Die Herstellung eines guten Kontaktes zum (mehr oder weniger) angespannten Gesprächspartner soll auf eine behutsame, wertschätzende Art geschehen.

Es werden 3 Formen von Spiegeln unterschieden:

1. Körpersprachlich (sofern der andere persönlich anwesend ist)
2. Stimmlich (paraverbal)
3. Sprachlich (verbal)

Beim *körpersprachlichen* Pacing geht es darum die eigene Haltung im Gespräch seinem gegenüber anzugleichen, zum Beispiel sich ebenfalls zurücklehnen, die Hand in die Hosentasche stecken oder das Schrittempo anzupassen.

> „Als Persönlichkeit überzeugen kann man nur dann, wenn Sprache und Körpersprache harmonieren." (Vogel, 2006, S. 60)

Dabei gilt zu beachten, daß Rapport ‚sich auf die Welt des anderen einzulassen' heißt, nicht jemanden kopieren oder eine Rolle zu spielen. Und schon gar nicht einen Extremfall nachzumachen, wenn zum Beispiel jemand mit Drohgebärden gegen sie macht. Kongruent wäre hier einfach: Blickkontakt, aufrechte Haltung und keine Unterwürfigkeitsgeste. Dies ist eine machtvolle jedoch friedlich wirkende Ausstrahlung.

Spiegeln kann jedoch auch gefährlich werden. Denn die äußere Haltung beeinflußt die innere Haltung und umgekehrt. Das bedeutet, wenn sie zu lange mit jemand körpersprachlich „mitgehen", kann seine Stimmung auf sie übergreifen. Dies würde auch bedeuten, daß sie sich mit ihm identifiziert haben und keinen Abstand mehr haben. Deshalb ist es wichtig, daß die Kundencoaches die negative oder angespannte Stimmung spüren, damit ein sehr guter Rapport hergestellt werden kann. Dabei sollte sich der Kundencoach nicht selber vergessen und stets Distanz zu bewahren. Nur so wird erreicht den verärgerten Partner aktiv aus dieser Stimmung heraus zu steuern. Dies indem dem Kundencoach seine Mimik, Gestik und Haltung langsam ins Positive verändert.

Bei Beschwerden am Telefon kann die Möglichkeit des *stimmlichen* Pacing intensiv genutzt werden. Dabei geht es um die Höhe der Stimme, Lautstärke, Sprechtempo und Atemrhythmus des Gesprächspartners. Merke: Nicht mit hektischer Fistelstimme den anderen nachmachen, aber auch nicht einer sehr schnell sprechenden Kundin betont langsam mit tiefer Trancestimme antworten. Positive Wirkung wird erzielt indem der Kunde in seiner Stimm(ungs)-Lage abgeholt wird, mitgenommen und Brücken gebaut werden.

Das *sprachliche* Pacing besagt, daß durch unseren sprachlichen Ausdruck auch unsere bevorzugten Sinneskanäle widergespiegelt werden. Weil wir Menschen insbesondere über die Augen (visuell), Ohren (auditiv) und das Tasten/Fühlen (kinästhetisch) wahrnehmen, manifestieren sich diese Wahrnehmungsformen auch in unseren sprachlichen Äußerungen:

- *Visuell*: „Sehen Sie das auch so?"; „Diese Situation behalte ich im Auge."; „Bereits mit dem ersten Blick habe ich die Gefahr erkannt."
- *Auditiv*: „Das hört sich gut an!"; „Wir haben uns sehr gut angestimmt."; „Von diesem Problem habe ich nur vom Hörensagen Kenntnis bekommen."
- *Kinästhetisch*: „Diese Entscheidung begreife ich nicht."; „Bei dieser Sache habe ich eine gutes Gefühl."; „Fassen Sie doch mal an…"

Durch aufmerksames Zuhören können die Lieblingskanäle des Kunden auf Grund seiner Wortwahl erkennet werden. Es gibt jedoch keinen reinen Seh-, Hör- oder Spürtypen, denn die jeweils anderen Wahrnehmungskanäle arbeiten ständig mit. Wenn eine deutliche Präferenz eines bestimmten Wahrnehmungskanals auffällt, kann entsprechend gespiegelt werden. Generell ist jedoch empfohlen möglichst „sinnlich" zu kommunizieren, das heißt alle Sinne anzusprechen. Besonders wertschätzend kommt an, wenn der Gesprächspartner hin und wieder, als Wiederholung, Bestätigung oder Zusammenfassung, zitiert wird. Denn Zitate streicheln das Ego.

Metamodellfragen

Im Dialog mit anderen wird de facto oft nur ein Teil dessen ausgesprochen, was hätte gesagt werden sollen. Dafür gibt es viele Gründe: Man glaubt, der andere weiß das genauso gut wie man selbst; oder man glaubt, keine Zeit (eigene oder die des Gegenübers) zu haben; oder man hat die Information nicht sofort abrufbar; oder man sieht seine inneren Bilder selbst genau genug und vergißt dabei, daß der andere präzisere Informationen braucht, um das Problem zu erkennen. Dazu glauben wir als Zuhörer oft, den Gesprächspartner genau verstanden zu haben, und merken gar nicht, daß wir die Aussagen mit unserer Sichtweise modifizieren, durch unsere Filter verändern.

Gerade im Beschwerdegespräch müssen Kommunikationsfehler tunlichst vermieden werden. Niemand kann sich auf Annahmen verlassen, sondern es werden präzise Informationen benötigt. Mit Metamodellfragen wird herausgefunden was der Gesprächspartner genau meint, denkt und fühlt, mit folgendem Nutzen:

- Präzise Informationen sammeln
- Bedeutungen klären
- Einschränkungen identifizieren
- Wahlmöglichkeiten eröffnen
- Widerstände und Einwände konkretisieren

Die in der Welt ständig gewonnenen Eindrücke und neuen Erfahrungen werden mental verarbeitet. Bei diesem Prozeß der Versprachlichung resp. Reduzierung des eigenen „Modells von der Welt" werden diese gefiltert und verkürzt. Einerseits weil der eigene Wortschatz und die Aufnahmefähigkeit wesentlich begrenzter ist als die Flut an Signalen, die täglich empfangen werden. Andererseits weil es auch viel zu lange dauern würde alles zu verarbeiten. Es werden drei Hauptformen von Reduzierungen unterschieden:

1. *Verallgemeinerung*
   Zum Beispiel: „Immer muß man bei Ihnen stundenlang warten. Niemand fühlt sich hier zuständig."
   Mögliche Metamodellfrage: „Ist Ihnen das wirklich immer so gegangen?" oder „Wie, bin ich etwa niemand?"
2. *Verzerrung*
   Zum Beispiel: „Ich weiß genau, Sie wollen mich doch nur abwimmeln." (Eine subjektive Meinung wird bekanntlich als wahr und allgemeingültig betrachtet.)
   Mögliche Metamodellfrage: „Woher genau wissen Sie das?" oder „Woran machen Sie das fest?" oder „Was habe ich getan, das Ihnen dieses Gefühl vermittelt?"
3. *Tilgung*
   Zum Beispiel: „Das ist mir zu hoch." (Hier wird ein Teil des ursprünglichen Kontextes weggelassen.)
   Mögliche Metamodellfrage zur Klärung des Kontextes von „das": „Meinen Sie damit das Ganze oder meine letzten Ausführungen?"
   Mögliche Metamodellfrage zur Klärung des Kontextes von „zu hoch": „Was bedeutet für Sie ‚zu hoch' – heißt das, ich habe mich unverständlich ausgedrückt oder Sie wollen es gar nicht so genau erklärt haben oder etwas anderes?" oder „Wie kann ich es für Sie passend erklären?"

3.6.3 Die häufigsten Fehler in einem Beschwerdegespräch

Fehler in einem Beschwerdegespräch gilt es mit viel Wissen, Erfahrung und Übung zu vermeiden. Ein perfektes Beschwerdegespräch gibt es jedoch kaum. Die zehn häufigsten Fehler (wichtigste „Klassiker") in einem Beschwerdegespräch sind gemäß Haas & von Troschke (2007, S. 79f) die folgenden:

1. **Problem herunterspielen**

   „Das geht Ihnen nicht allein so…"

   „Das ist doch nicht so schlimm…"

2. **Belehren, „schulmeistern"**

   „Das hätten Sie eben früher bestellen müssen!"

   „Jetzt wollen wir doch mal sachlich bleiben!"

3. **Schuld auf andere schieben**

   „Ich kann nichts dafür, die andere Abteilung xy hat das verbockt."

   „Was – die Änderung wurde Ihnen nicht wie vereinbart zugesandt? Mal sehen, welcher Kollege das gewesen ist."

4. **Unhaltbare Versprechungen**

   „Das wird sofort repariert."

5. **Langwierige Rechtfertigungen**

   „Das liegt daran, daß bei uns zwei Leute krank geworden sind, einer ist im Urlaub, und überhaupt geht heute alles schief, weil der Computer abgestürzt ist."

6. **Aus Vermutungen voreilige Schlüsse ziehen**

   „Habe schon verstanden. Sicher fehlt bei Ihnen das Teil x. Das kann man nur y machen."

7. **Aussagen in Zweifel ziehen**

   „Das hatten wir noch nie, daß ein Kunde hier Probleme hatte."

   „Das gibt es nicht."

   „Das kann nicht sein."

   „Da haben Sie sich bestimmt geirrt."

8. **Kunden angreifen**

   „Sie haben mir doch falsche Informationen gegeben."

   „Sie wollten es doch so haben!"

9. **Demonstrative Gleichgültigkeit**

   „Bin ich nicht zuständig."

   „Glaube nicht, daß wir das heute noch bearbeiten, wir machen gleich Feierabend."

10. **Verbrüderung mit dem Kunden gegen das eigene Unternehmen**
   „Wir machen das jetzt mal folgendermaßen … Aber Sie dürfen mich nicht verraten, sonst bekomme ich ganz schön Ärger mit meinem Chef."

Darüber hinaus werden folgende Fehler, die leider immer wieder vorkommen, von den Kunden als besonders lästig empfunden:
- Kein Rückruf
- Keine Einhaltung von Zusagen
- Keine konkreten Ansprechpartner oder falsche Weiterleitung
- Falschinformationen
- Fehlende Entscheidungsbefugnisse, alles Chefsache
- Aussitzen, vielleicht vergißt es der Kunde

Wer solche Fehler macht verhindert eine win-win-Beziehung.

Fazit:
Vertrauen entsteht nur, wenn Mitarbeiter, die den direkten Kontakt mit Kunden haben, voll zum Unternehmen, dessen Produkten sowie zu ihren Kollegen stehen.

3.7 Besondere Situationen meistern

Bekanntlich verlaufen nicht alle Beschwerdegespräche kritisch oder schwierig ab und werden von den Beteiligten auch nicht als besonders unangenehm empfunden. Hingegen handeln beide Seiten also gewissermaßen nach einem Ritual: Der Kunde bauscht die Sache etwas auf (die Wege, die Umstände, die enttäuschten Erwartungen), um seinen Forderungen Nachdruck zu verleihen, und der Kundencoach hört sich das an (ausreden lassen, damit der Kunde Dampf ablassen kann) und bemüht sich um eine Lösung. In dieser Vorerwartung des Beraters liegt auch die Crux: Er ignoriert die Emotionen zugunsten der weiteren sachlichen Bearbeitung. Deshalb sollte stets darauf geachtet werden sich vor Desinteresse, Abgestumpftheit und reiner Sachorientierung zu schützen, die in der Nichtbeachtung der Emotionen der eigenen Kunden mündet.

3.7.1 Auf Einwände reagieren

Einwände können ein allen Phase eines Beschwerdegesprächs vorkommen und es kann sich dabei wortwörtlich „eine Wand" zwischen Kunde und Berater bilden.
Dabei sind zwei Dinge in Erfahrung zu bringen:
1. Was ist die Ursache für diesen Einwand meines Kunden?
2. Wie reagiere ich am besten darauf?

Gemäß Haas und von Troschke (2007, S. 84) werden 5 % der Einwände durch den Berater durch Suggestionen selbst verursacht. 75 % der Einwände entstehen durch mangelnde Klärung durch Fragen. Beide Ursachen wären demnach vermeidbar. Die restlichen 20 % sind die echten unvermeidbaren Einwände der Kunden.

Damit die Wand zwischen Kunde und Berater abgebaut wird, sind die folgenden fünf Methoden besonders nützlich:
1. Perspektivwechsel
2. Nutzung des Einwands
3. Reframing
4. Nutzung von Referenzen
5. Nutzung von Vergleichen

(vgl. Haas & von Troschke, 2007, S. 85ff)

Perspektivwechsel

Hier geht es darum als Berater zunächst die Sichtweise des Kunden einzunehmen, um ihn dann einzuladen, auch die des Beraters anzuerkennen.

Dies kann zum Beispiel wie folgt ablaufen: „Ja, ich kann Sie gut verstehen, daß sich das jetzt im ersten Moment etwas kompliziert anhört. Und ich möchte gern mit Ihnen gemeinsam die Punkte klären, die noch unklar für Sie sind. Vielleicht helfen Sie mir und sagen mir, was Ihnen besonders wichtig ist."

Zuerst zur *Kundenperspektive* wechseln mit folgenden Satzanfängen:
- Von Ihrem Standpunkt aus gesehen…
- Aus Ihrem Blickwinkel geschaut…
- Aus dieser Perspektive betrachtet…
- Einerseits…

Die Sichtweise des anderen verstehen heißt nicht ihm recht zu geben. Jegliches Infrage stellen soll tunlichst vermieden werden. (Wo haben Sie denn das her? Wie kommen Sie denn darauf?)

Anschließend folgt der Wechsel zur Beraterperspektive. Mit einem einfachen „und" kann der Kunde zur Beraterposition mitgenommen werden. Mit beispielsweise folgenden Sätzen:
- „…und ich möchte Ihnen gerne zeigen, …"
- „…und ich möchte mit Ihnen gemeinsam erarbeiten, …"
- „…und lassen Sie uns gemeinsam herausfinden, …"

Das Wort „und" kann auch durch ein „andererseits" oder „nur" ersetzt werden. Auf den Einsatz des Wortes „aber" sollte in dieser Stelle und Kontext vermieden werden. (ebd.)

Nutzung des Einwands

Der Einwand des Kunden kann auch offen aufgenommen und positiv genutzt werden. Mit dieser Methode wird dem Einwand quasi die Energie entzogen.

Beispiel:
    Kunde: „Ihr Mitarbeiter hat mich völlig falsch beraten!"
    Berater: „Gut, daß Sie uns das sagen, denn nur so können wir lernen Fehler zu vermeiden."

Weitere mögliche Formulierungen sind:
- Gerade deshalb…
- Um so eher…
- Gerade dann… (ebd.)

Reframing

Beim Reframing (gehört zu den NLP-Methoden) wird dem Gesagten ein neuer Rahmen gegeben. Diese Technik erfordert ein fixes Umdenken, um die negativen Aspekte oder Nachteile in die gewünschten positiven Ziele und Verhaltensweisen umzuformulieren.

Beispiel:
Kunde: „Das Gerät ist unhandlich und zu kompliziert in der Bedienung."
Berater: „Sie wollen also ein praktisches Gerät, mit dem Sie ganz leicht klarkommen. Wenn ich Ihnen zeige, wie dieses Gerät wirklich einfach zu bedienen ist, wollen Sie es dann noch mal probieren?"

Mit dieser Methode werden Einwände konstruktiv genutzt und somit dem Gespräch wieder eine gute Wendung gegeben.

Eine modifizierte und gewagte Form dieser Methode ist die sogenannte „von der Provokation zur Partnerschaft"-Methode, wie zum Beispiel:

> Kunde: „Das dauert ja ewig. Sind Sie immer so langsam?"
>
> Berater: „Wenn Sie mit ‚zu langsam' meinen, daß wir Ihr Gerät besonders genau prüfen, um wirklich alle Fehler zu beseitigen, damit Sie danach vollends zufrieden sind, dann haben Sie damit recht."

Gerade bei sehr fordernden Kunden hilft diese etwas provokative Methode, wieder partnerschaftlich auf eine Ebene zu kommen. (ebd.)

Nutzung von Referenzen

Bei den eher sachlich orientierten Kunden ist es überzeugend sich auf Tests, Berichte, Untersuchungen oder auf andere Kunden zu stützen. Dies vermittelt dem Kunden Objektivität und Sicherheit. (ebd.)

Nutzung von Vergleichen

Mit rhetorischen Hilfsmitteln wie Analogien, Metaphern und kurzen Geschichten wird eine Botschaft versinnbildlicht. Gleichzeitig wird Distanz zur eigenen Person geschaffen, die hilft die Inhalte leichter annehmen zu können.

Bei überzogenen, unberechtigten Forderungen kann erreicht werden, daß der Gesprächspartner seine überzogenen Forderungen zurücknimmt, weil er durch einem Beispiel aus einem ganz anderen Kontext den Analogieschluß zieht, daß er hier zu viel des Guten will.

Für Vergleiche oder Umschreibungen eignen sich insbesondere Parallelen aus dem alltäglichen Leben. Vergleiche beginnen oft mit: „Stellen Sie sich vor, ..." oder „Das ist, als ob..." (ebd.)

Beispiel:

> Kunde: „Sie müssen das bis morgen repariert haben."
>
> Berater: „Das ist so, als ob Sie Ihrem Arzt sagen, daß er Sie bis morgen geheilt haben soll. Wir vollbringen gerne Wunder, nur geben Sie uns bitte eine realistische Chance."

3.7.2 Forderung von Preisnachlässen

Gestiegene Rechte der Kunden führen zu einer größeren Machtposition als früher, die auch genutzt wird. Der Kunde will einen Zeitverlust und damit auch einen Geldverlust nicht allein tragen, sondern den Partner daran beteiligen.

Viele Kunden fordern keinen Preisnachlaß, sondern drohen mit dem Entzug der Kundentreue, weil diese mit der Qualität, Dienstleistung oder dem Produkt nicht zufrieden sind. Darauf wird oft mit einem Preisnachlaß reagiert um damit den Kunden zufrieden zu stellen. Bei Preisnachlässen ist jedoch wichtig, daß diese nicht einfach so gewährt werden sollen, um schnell das Problem aus der Welt schaffen zu können. Vielmehr soll dies seriös geprüft und entschieden werden, so als ob der Preisnachlaß aus dem eigenen Portmonee bezahlt werden müßte.

Bei der Beschwerdebearbeitung lautet dabei die Frage: Wie beheben wir den Schaden?

Anstelle einer Nachlassgewährung können und sollen beispielsweise folgende Möglichkeiten genutzt werden:
- Zusätzlicher Service
- Rabatt bei der nächsten Bestellung (dies steigert beim Kunden die Motivation wieder zu kommen)
- Kleine Geschenke / Aufmerksamkeiten

Preisnachlässe sind in folgenden Situationen gerechtfertigt und machen Sinn:
- Die Ware ist nicht mehr vorrätig, das letzte Stück ist beschädigt.
- Kunde will genau dieses letzte Stück.
- Kunde mußte wegen Zeitdruck defekte Ware selbst nachbessern.
- Keine Möglichkeit von Nachbesserung, Austausch usw.
- Austausch wäre teurer als Nachlaß.
- Nachbesserung wäre teurer als Nachlaß.
- Kunde äußert von sich aus explizit den Wunsch nach Nachlaß, und seine Forderung ist wirklich gerechtfertigt.

(vgl. Haas & von Troschke, 2007, S. 90ff)

Unter gerechtfertigten Preisnachlässen werden immer und dabei nur nachvollziehbare Ansprüche verstanden. Das heißt bei Fällen, in denen das Unternehmen, der Zulieferer, der Arbeitskollege oder der Berater selbst einen Fehler gemacht haben und deswegen in der Schuld stehen.

Bei solchen Fällen spielen Emotionen ebenfalls eine große Rolle: Der Kunde kauft etwas und freut sich darüber. Dann öffnet er die Verpackung und stellt fest, daß das Produkt schlecht verarbeitet ist, nicht genau paßt oder aber Schönheitsfehler aufweist. Hier setzt dann die Enttäuschung ein, ihr folgt der Ärger und dann der Anruf, die E-Mail oder das persönliche Erscheinen. Wenn jemand dabei einzig einen Nachlaß fordert, ist eines klar: Er will die Ware behalten – aus welchen Gründen auch immer! Es gilt hier klug abzuwägen und die Kunden gleich zu behandeln, das bedeutet mit ähnlichen Fällen zu vergleichen. Die Frage lautet: Wie viel kann, darf und soll ich nachlassen? Dieser Punkt ist auch eine Kompetenzfrage die im Unternehmen formell geregelt werden sollte.

Faire Unternehmen werden gerade in solchen Situationen auch auf faire Kunden treffen. Natürlich gibt es Ausnahmen bei denen der Kunde versucht diese Fairneß zu mißbrauchen. Sollte dies allerdings nicht die Ausnahme sein, muß sich das Unternehmen fragen, was es falsch gemacht hat.

Wenn eine Nachlassforderung die Erfahrungspraxis des Beraters sprengt, sollen keine voreiligen Zugeständnisse gemacht werden, sondern es soll intern geklärt werden, welche Forme des Entgegenkommens möglich sind. Damit keine Kompetenzgerangel ausgelöst werden, sollte dabei auch eine „Fallback-Position" definiert werden. Das heißt zu definieren wie weit der Berater gehen darf, wenn der Kunde nicht auf das erste Angebot eingeht.

Bei der Frage des Nachlasses soll die Kundenorientierung stets mit unternehmerischer Denkweise gekoppelt werden. Damit wird die Sache für beide Seiten positiv gelöst.

3.7.3 Übertriebene Ansprüche

Die nächste Stufe nach Preisnachlassforderungen sind Extremforderungen und Drohungen. Denn hier wird neben der kommunikativen und psychologischen Kompetenz sehr stark die schnelle Entscheidungs- und Handlungsfähigkeit des Beraters verlangt.

Hier ist es wichtig die Lage mit einem Fragecheck richtig einzuschätzen. Gemäß Haas und von Troschke (2007, S. 94) geschieht dies mit den folgenden zehn Fragen die mit Ja oder Nein beantwortet werden können:

1. Handelt es sich um eine berechtigte Beschwerde?
2. Gibt es klare Vorgaben durch die Geschäftsführung?
3. Ist der Kunde ein besonders wichtiger Kunde?
4. Hat der Kunde schon öfter eine Beschwerde vorgebracht?
5. Kann der Kunde als Meinungsbildner/Multiplikator wirken?

6. Hat das eigene Unternehmen selbst Kosten zu tragen?
7. Ist die Forderung des Kunden überzogen?
8. Droht der Kunde?
9. Hat kulantes Verhalten eine negative Auswirkung auf die Mitarbeiter?
10. Ist jemand oder etwas für die Beschwerde verantwortlich?

Zu den einzelnen Fragen geben Haas und von Troschke (2007, S. 94ff) folgende Empfehlungen:

1. *Handelt es sich um eine berechtigte Beschwerde?*
   Wichtig ist, daß allen Mitarbeitern, die mit Beschwerden konfrontiert werden können, klar ist, wann eine berechtigte Beschwerde vorgebracht wird. Dazu muß eruiert werden, ob ein schriftliches Dokument vorliegt (Vertrag, Rechnung usw.) und somit ein Rechtsanspruch ableitbar ist. Dann ist zu prüfen, ob eine Mitverantwortung des Kunden besteht. Falls ja, würde dies einem Kompromiß nahelegen.

2. *Gibt es klare Vorgaben durch die Geschäftsführung?*
   Die Leitlinien und Vorgaben der Geschäftsführung zum Umgang mit Kundenbeschwerden müssen ohne Verzögerung umgesetzt werden. Selbst dann wenn vielleicht das eigene Gerechtigkeitsgefühl verletzt würde. Eine klare Orientierung darüber, Handlungsanweisungen und Kompetenzen in welchem Fall was zu tun ist, sind bei Bedarf bei der Geschäftsführung abzuholen. Ebenso welche Kompensationen oder kleine Geschenke in der Regel angeboten werden können.

3. *Ist der Kunde ein besonders wichtiger Kunde?*
   Welches Gefährdungspotenzial steckt in der Beschwerde? Gehört der Kunde zu den 20% die 80% des Umsatzes generieren, oder zu den 80% die lediglich 20% des Umsatzes einbringen?
   Mit Einsatz moderner CRM-Systemen sind dies Daten sofort verfügbar und signalisieren, um welche Art Kunde es sich handelt. Bei Top-Kunden werden seine Forderungen mit Vorteil erfüllt oder zumindest entgegengekommen. Kulanz bedeutet eine gewisse Nachgiebigkeit gegenüber besonders guten Kunden, eine eher großzügige Kompensation von beklagten Nachteilen.

4. *Hat der Kunde schon öfter eine Beschwerde vorgebracht?*
   Bei Kunden, die sich bereits mehrmals beschwert haben muß ernsthaft abgeklärt werden ob es ich um einen Nörgler handelt, dem seine sehr hohen Anforderungen nur sehr schwer zu erfüllen sind, oder ob der Kunde bisher besonders viel Pech mit der Unternehmung und seinen Dienstleistungen resp. Produkten hatte. Aber auch bei

einem Nörgler kann einmal eine Beschwerde berechtigt sein. In solchen Fällen ist ein gutes Verbesserungssystem gefordert, das Produkte, Dienstleistungen, Prozesse und Mitarbeiter immer wieder kritisch unter die Lupe nimmt.

5. ***Kann der Kunde als Meinungsbildner/Multiplikator wirken?***
Informationen über den Beruf oder Hobbys des Kunden können sehr nützlich sein. Einerseits hilft dies sich in den Kunden hineinzuversetzen, andererseits kann abgeleitet werden, welcher Kunde auf Grund seines Einflusses Schwierigkeiten bereiten könnte, zum Beispiel bei Journalisten, Unternehmer, Vereinsmitglieder oder bei Politikern. Je mehr Menschen der Kunde negativ beeinflussen kann, desto mehr Vorsicht, im Umgang mit seiner Beschwerde, ist geboten.

6. ***Hat das eigene Unternehmen selbst Kosten zu tragen?***
Bei JA sollten die Antworten und Konsequenzen auf Frage 3 und 4 mit berücksichtigt werden. Erfahrungswerte aus der Vergangenheit zu Umsatz und Kosten ermöglichen eine weitere Entwicklung zu prognostizieren. Diese Prognose muß in der Entscheidung berücksichtigt werden. Bei NEIN sollten lediglich die Lieferanten im Sinne einer langlebigen Geschäftsbeziehung so gut wie möglich vor unberechtigten Forderungen geschützt werden.

7. ***Ist die Forderung des Kunden überzogen?***
Hier gilt es besonders klug zu handeln. Wie in allen anderen Fällen ist es wichtig, sich zuerst zu entschuldigen und Verständnis zu zeigen. Mit der nötigen Erfahrung kann die Forderung schnell beurteilt werden, ob dies überzogen ist oder nicht. Ist ein umgehendes Urteil nicht möglich, soll eine Prüfung sichergestellt werden. Zum Beispiel ein Augenschein vor Ort beim Kunden.

Wenn es sich um eine unangemessene Extremforderung jedoch mit berechtigter Grundlage handelt, ist ein Kompromiß anzustreben und die Ansprüche zu reduzieren. Zum Beispiel so: „Ihr Ärger ist sehr verständlich und wir wollen Sie auf jeden Fall zufriedenstellen. Lassen Sie uns einen Weg suchen, den wir beide miteinander gehen können. So wie Sie in Ihrem Unternehmen für den Bereich xy verantwortlich sind, haben wir auch eine unternehmerische Verantwortung und müssen daher wirtschaftlich handeln. Was halten Sie von folgendem Vorschlag: ... Können wir uns darauf einigen?"

8. ***Droht der Kunde?***
Drohungen basieren auf der Annahme des Kunden, daß seine Interessen nicht auf andere Weise durchgesetzt werden können oder er glaubt bisher nicht genügend ernst

genommen worden zu sein. Schnelles handeln ist hier gefragt!

9. ***Hat kulantes Verhalten eine negative Auswirkung auf die Mitarbeiter?***
Wenn ein Kunde immer recht bekommt, sollte diese Geschäftspolitik mit den Mitarbeitern diskutiert und ihnen erklärt werden warum das Unternehmen die Kundenzufriedenheit an die oberste Stelle setzt – egal, wie viel es auf den ersten Blick kostet – ohne dabei die Tätigkeit und die Produkte zu entwerten. Ansonsten werden Kundencoaches und Servicemitarbeiter mittelfristig enttäuscht werden, weil diese hart und ehrlich arbeiten, und die Vorgesetzten das Geld dem Kunden „hinterherwirft".

10. ***Ist jemand oder etwas für die Beschwerde verantwortlich?***
Hier geht es nicht um Schuldzuweisungen, sondern darum Schwachstellen zu suchen und Verbesserungen einzuleiten. Dabei gilt es die Frage zu klären ob es eine klare Zuordnung gibt oder das Problem komplex ist, sprich ob mehrere Personen für diese Problematik zuständig sind. Im Bereich der personellen Verantwortung bedeutet dies Training und Gespräche beziehungsweise disziplinarische Maßnahmen bei wiederholtem Fehlverhalten. Bei Produktfehlern sind je nach Sachlage Hinweise an den Hersteller, an die Entwicklungsabteilung, die Produktion oder das Marketing notwendig und allenfalls durch Veränderungen die gewünschten Verbesserungen zu erzielen. (ebd.)

Fazit:

Ist man mit Extremforderungen oder Drohungen konfrontiert, geht es nicht nur darum, ob diese gerechtfertigt oder gefährlich sind. Sondern ist hier vielmehr eine kurze, aber umfassende Analyse mit Hilfe des Fragenchecks nötig, um adäquat reagieren zu können. Damit weder leichtfertig Kundensympathien verscherzt noch das eigene Unternehmen und seine Mitarbeiter geschädigt werden.

3.7.4 Kundentypen

Typologien helfen bestimmte Verhaltensweisen besser einzuordnen und figurieren quasi als Wegweiser zum Kunden. Folgende Kundentypen werden von den Bearbeitern von Beschwerden, gemäß Haas & von Troschke (2007, S. 99ff) und Cerwinka & Schranz (2009, S. 139ff), übereinstimmend immer wieder genannt:

1. Der Arrogante
2. Der zynische Beschwerdeführer
3. Der Besserwisser
4. Der tobende Vulkan
5. Der Querulant
6. Der Nörgler
7. Der negative Zweifler
8. Der scheinheilig-verständnisvolle Kunde
9. Der Vielredner
10. Der Pseudo-Reklamierer

Mit dem Bewußtsein dieser Differenzierung kann mit dem Kunden zielführend ein erfolgsversprechender Dialog geführt und dies als effektive Handlungsmöglichkeiten genutzt werden. In diesem Kontext paßt folgendes Zitat hervorragend zu den Verhaltensregeln im Umgang mit diesen Kundentypen:

„Wenn wir die Menschen so nehmen, wie sie sind, so machen wir sie schlechter – wenn wir sie aber behandeln, als wären sie, wie sie sein sollten, so bringen wir sie dahin, wohin wir sie haben möchten." (von Johann Wolfgang von Goethe)

3.7.5 Grenzen ziehen

Manchmal machen Kundencoaches bei Beschwerdegesprächen die Erfahrung, daß es nicht weitergeht, daß sich das Gespräch im Kreis dreht. Verständnis, Fragen, Angebote – alle – Register werden gezogen, aber der Kunde fängt immer wieder gebetsmühlenhaft von vorn an.
Zunächst sollte sich der Kundencoach selbstkritisch hinterfragen, ob man wirklich genügend auf die Emotionen des Gesprächspartners geachtet hat. Fehlende Würdigung von Gefühlen führt zu einer endlosen Perpetuierung der Klage. Wenn sich die Spirale schon weit nach unten gedreht hat, kann nur noch bedingt gegensteuer gegeben werden.
„Generell erleben wir negative Gefühle intensiver als positive, und die unangenehmen Affekte werden auch leichter ausgelöst." (Klein, 2002, S. 46) Diese Erkenntnis aus der modernen Hirnforschung ist für eine Beschwerdesituation sehr relevant. Denn wenn die Gelegenheit verpaßt wurde, frühzeitig positive Wunschvorstellungen in Gang zu bringen und angenehme Gefühle zu wecken (wie zum Beispiel: Anerkennung, Belohnung, Erleichterung oder Wertschätzung), wird

es sehr schwer. Die schlechten Gefühle nehmen überhand, können ansteckend wirken und ersticken angenehme Gefühle im Keim.

Spätestens wenn sich das Gespräch in einer Endlosschleife befindet, ist der Moment gekommen, den Kunden in die Lösungsverantwortung zu nehmen. Dabei soll noch einmal aufgezählt werden, was ohne Erfolg vorgeschlagen wurde, und den Kunden gefragt werden: „Was sollten wir Ihrer Ansicht nach jetzt tun? Was schlagen Sie vor?" Und dann soll eine Pause gemacht werden und gewartet werden bis der Kunde dazu eine Antwort liefert. Diese „geforderte" Mitverantwortung ist zwar anstrengend, holt den Gesprächspartner aber aus der passiven Opferrolle. Wichtig dabei ist dem Gesprächspartner genügend Zeit zu geben, sein Gehirn wortwörtlich umzupolen. Vielleicht gelingt es damit ein paar positive Gedanken hervorzuzaubern.

Wenn der Kundencoach damit nicht weitergekommen ist, und nach kurzer Zeit wieder dasselbe Band weiterläuft oder sogar weitere Vorwürfe geäußert werden, macht es keinen Sinn das Gespräch weiterzuführen und sollte beendet werden. Diese Notbremse sollte aber nicht leichtfertig und nur sehr selten gezogen werden. Doch auch beim kompetentesten, erfahrensten und geduldigsten Kundencoach gilt mal das bekannte Sprichwort: Lieber ein Ende mit Schrecken als ein Schrecken ohne Ende.

Dabei soll der Kundencoach dem Kunden erklären, daß er jetzt auch nicht mehr weiterwisse. Er soll dem Kunden klar machen, daß es ohne seine Mithilfe ein Weiterkommen unmöglich ist, mitteilen welche Gefühle er ihm ausgelöst hat und danach das Gespräch beenden, sofern der Kunde kein konkreter Vorschlag macht, mit dem man zur Lösung kommen kann. Dies quasi als letzte Zauberfrage. In dieser sehr heiklen Phase darf keine weitere Angriffsfläche gezeigt werden und deswegen soll stets auf wertschätzende Ich-Botschaften statt anklagende Du-Botschaften geachtet werden.

Ein solcher Schritt tut einem als Kundencoach oft selbst am meisten weh, weil es einem letztlich zeigt, daß es Situationen gibt, die man nicht lösen kann.

Fazit:
Den Kunden sollen in einer Beschwerdesituation wenn immer möglich und in einer frühen Phase eine Mitverantwortung für die Lösung übertragen werden. Dies erhöht die Wahrscheinlichkeit eine win-win-Situation zu erreichen, und dies in der Regel in einer kürzeren Zeit.

3.8 Die wichtigsten Kommunikations-Kanälen bei Beschwerden

Die Mehrzahl aller Beanstandungen wird über das Telefon vermittelt, denn vom Griff zum Telefonhörer versprechen sich die Anrufer sofortige oder zumindest schnelle Hilfe und einen konkreten Ansprechpartner. Der Dialog übers Telefon wird generell als die erfolgversprechendste Kommunikationsform empfunden. Deshalb verdient das Telefon mit seinen Vor- und Nachteilen eine besondere Aufmerksamkeit. Aber auch die weiteren Kanäle werden in diesem Kapitel genauer betrachtet. Denn Briefe und E-Mails bedeuten für die meisten Menschen mehr Aufwand als Telefonate und sind insofern immer ein Zeichen dafür, daß beim Kunden eine gewisse Schmerzgrenze überschritten wurde. Dabei denken die Kunden oft lange darüber nach, wie sie ihren Zorn und ihre Ansprüche in Schriftform gießen.

3.8.1 Telefon

Menschen sind soziale Wesen. Am Telefon machen wir uns gewöhnlich keine Gedanken darüber, welchen Anteil die Umgebung, der Blickkontakt, die Körpersprache, die Gerüche usw. für die Kommunikation haben. Das ist in der Alltagssprache auch nicht notwendig. Aber in schwierigen Situationen mit einem Kunden wie bei einer Beschwerde hat dies durchaus einen relevanten Einfluß. Am Telefon wird in der Regel mit einer fremden Person gesprochen, die binnen kurzer Zeit für sich gewonnen werden möchte. Folgende Tipps sensibilisieren die Kundencoaches für diese bekannte, aber vielleicht nicht immer bewußte Kommunikationssituation:

- Bereiten Sie sich gut vor (bei Outbound).
- Setzen Sie sich aufrecht und bequem hin.
- Lächeln Sie am Telefon – man hört es.
- Achten Sie auf Ihre Stimmmelodie.
- Decken Sie die Hörmuschel oder das Mikro nicht mit der Hand ab.
- Sprechen Sie den Anrufer öfter mit Namen an.
- Sprechen Sie nicht mehr als drei bis vier Sätze hintereinander.
- Halten Sie sich an das EVA-Prinzip: einfach, verständlich, anschaulich.
- Sprechen Sie nicht zu schnell und nicht zu langsam.
- Sprechen Sie deutlich.
- Hören Sie Ihrem Kunden zu und lassen Sie ihn ausreden.
- Sprechen Sie bildhaft.

- Wiederholen Sie Wichtiges.
- Zeigen Sie Vorteile/Nutzen auf.
- Machen Sie sich Notizen.
- Wiederholen Sie Wichtiges: Termin, Name, Adresse (inkl. E-Mail-Adresse), Kunden-Nummer, Telefon-Nummer.
- Bedanken Sie sich für das Akzeptieren Ihres Lösungsvorschlags.
- Der Kunde legt den Hörer zuerst auf.

Vorteile des Kommunikationsmittels Telefon:
- Zeitersparnis
- Wirtschaftlichkeit
- Schnelle Problemlösung möglich
- Situatives Handeln und Spontaneität möglich
- Entschärfung oft leichter und weniger aufwendig
- Mißverständnisse können sofort geklärt werden
- Gute Erreichbarkeit
- Bequeme Pflege von Kundenbeziehungen
- Überbrückung von Entfernung
- Mehrmalige Anrufe problemlos machbar (geringerer Aufwand als bei Besuchen)
- Ersparnis von Schreibarbeit
- Rückruf ermöglicht zwischenzeitliche Klärung
- Schnelle Information
- Negative sichtbare Merkmale bleiben verborgen (Verlegenheit, Erröten, mangelnder Augenkontakt)

Nachteile des Kommunikationsmittels Telefon:
- Nonverbale Reaktion des Gesprächspartners nicht sichtbar
- Keine Möglichkeit, etwas zu zeigen oder zu testen
- Nur das Ohr ist Zeuge (Telefon ist kein Beweismittel)
- Körpersprache unsichtbar
- Kein Blickkontakt
- Gefahr von neuen Mißverständnissen
- Ständiger Redezwang, weil Schweigen irritiert

- Bei Anrufen von Kunden: keine Gesprächsvorbereitung, plötzliche Konfrontation
- Kunden sind am Telefon oft kürzer angebunden als beim persönlichen Gespräch (Je nach Situation und Kundentyp z.B. Vielredner kann dies auch ein Vorteil sein.)

(vgl. Haas & von Troschke, 2007, S. 108ff)

Bei Abwägung der Vor- und Nachteile sind die Vorteile in den meisten Fällen überwiegend. In der Telefonarbeit werden **drei Erfolgsfaktoren** unterschieden die eine besondere Betrachtung verdient haben:
1. Professionelle (Selbst-)Organisation
2. Die Stimme
3. Die Wortwahl

Zu 1. Professionelle (Selbst-)Organisation
Bei Rückruf an den Kunden hat der Kundencoach den großen Vorteil, daß Gespräch entsprechend vorbereiten zu können. Schnelles Umstellen und Reagieren auf Äußerungen des anderen sind ständig nötig. Eine gute Vorbereitung hilft hier den „roten Faden" zu halten oder auf ihn zurück zu kehren.

Anrufer wollen im Beschwerdefall nur eins: schnelle Unterstützung und einen freundlichen, kompetenten Ansprechpartner. Die Anrufer möchten kein unnötiges weiterverbinden, keine Irrtümer, keine Zuständigen die abwesend sind, und dies alles sollte deswegen mit einer guten Organisation tunlichst vermieden werden. Mit einem professionellen agieren in den ersten Sekunden der Anrufannahme, hat die Unternehmung selbst den größten Nutzen.

Es tut den Kunden gut, wenn sie merken, daß der Kundencoach in einer Multitasking-Leistung gut organisiert ist, sein Kundenbetreuungssystem (CRM) im Griff hat, ein Headset besitzt das ihm die Chance zum Mitschreiben bietet, so intelligent wie flexibel ist neben der Beherrschung von Software und Technik dem Kunden Fragen zu stellen respektive Lösungen zu offerieren. Oder kurz gesagt: Technisch versiert, menschlich orientiert. Damit wird klar, daß dies nicht so einfach ist und eine große Herausforderung darstellt.

Zur erfolgreichen Nachbereitung gehört es die gesamte Kommunikation mit dem Kunden direkt nach dem Telefonat zuverlässig festzuhalten. Versprechungen, telefonische Terminvereinbarungen, Absprachen und Zusagen dürfen nicht in Vergessenheit geraten. Vereinbarungen sollten stets umgehend und schriftlich bestätigt werden.

Zu 2. Die Stimme

Bei einem Telefonat mit einer vertrauten Person wird sofort die jeweilige Stimmung erkannt. Bei einer unbekannten Person ist dies unmöglich exakt zu bestimmen. Umso mehr gilt: Der Ton macht die Musik. Dabei soll darauf geachtet werden: Was meint der Kunde, wenn er spricht? Was betont er? Was bedeutet es, wenn er eine Pause einlegt?

Entsprechend der Deutung der Antworten auf diese Frage ist situatives Reagieren angezeigt. Stimmen können wie folgt „tönen": laut, leise, ängstlich, hektisch, traurig, gepreßt, munter, gelangweilt, aggressiv, monoton, voll, weich, hart, verschnupft, heiser, näselnd, rau, rund, flach, fröhlich, sich überschlagend, energisch, müde, glücklich. Entsprechend dieser Stimmlage ist der Ausdruck resp. die vermittelte Botschaft damit sehr unterschiedlich.

Zu 3. Die Wortwahl

Bei Telefonaten spielen die Feinheiten in der Sprache eine größere Rolle als von Angesicht zu Angesicht:

- ***Vermeidung von Negationen***
  Nicht: „Da können wir nichts machen."
  Sondern: „Mir sind da leider die Hände gebunden, ich kann Ihnen aber Folgendes anbieten…"
- ***Eigenverantwortung statt Anklagen***
  Nicht: „Da haben Sie mich falsch verstanden."
  Sondern: „Da habe ich mich vielleicht falsch ausgedrückt."
- ***Verständnis statt Belehrungen***
  Nicht: „Sie müssen den Fehler schon ein bißchen genauer erklären, ich habe gerade gar nichts verstanden."
  Sondern: „Ah, jetzt habe ich verstanden, was Sie genau meinen."
- ***Wertschätzend zitieren statt eigene Interpretationen***
  Nicht: „Sie wollen also die Geschäftsbeziehung beenden."
  Sondern: „Sie sagten vorhin zu Recht, so geht's nicht weiter! …"
- ***Bewußter Umgang mit Füll- und Funktionswörtern***
  Füllwörter tauchen in der gesprochenen Sprache vermehrt auf: wohl, eben, doch, aber, auch, eigentlich, ja, nämlich, ruhig usw. Dabei können diese positiv wie negativ wirken.

Phasen der professionellen Behandlung von telefonischen Beschwerden:
1. Gesprächseröffnung
2. Vorstellen
3. Aktiv und konzentriert zuhören
4. Sachlicher Hintergrund und emotionale Betroffenheit erfassen
5. Den emotionalen Knoten lösen; Verständnis ausdrücken
6. Einschränkend entschuldigen, Fehler eingestehen
7. Sachliches Problem genau erfassen und zusammenfassen
8. Gemeinsame Lösung suchen, Lösung mündlich bestätigen
9. Nächste Schritte festlegen
10. Zusatzfragen stellen (Cross-Selling- und/oder Up-Selling-orientiert, zum Beispiel: Kann ich sonst noch etwas für Sie tun?)
11. Bedanken und verabschieden (ebd.)

Fazit:

Das Telefon ist immer noch der wichtigste Kommunikationskanal. Daher sollte in die Telefonorganisation, in die Stimme und Sprache investiert werden, denn diese werden einen Großteil des Erfolgs im Beschwerdemanagement bestimmen.

3.8.2 Briefpost

Wer zur Feder greift, will Beachtung, der Absender will sicherstellen auch an der richtigen Stelle ankommt. Denn 50 % aller telefonischen Beschwerden werden nicht vollständig erfaßt, 18 % werden gar nicht festgehalten. (vgl. Innovations report, 2005)
Eine briefliche Beschwerde kostet viel Zeit und Mühe. Dieser Kanal wird einerseits erst dann gewählt, wenn dem Kunden so viel Negatives widerfahren ist, und sein großer Ärger und die Enttäuschung das Faß überlaufen ließ. Andererseits wird der Brief gewählt damit die Beschwerde mit den damit verbundenen Ansprüchen schriftlich dokumentiert ist (sachlicher Aspekt). Deshalb werden solche Schreiben direkt an die Geschäftsleitung adressiert.
Für eine professionelle Reaktion sind folgende Aspekte zur Bedeutung einer schriftlichen Beschwerde zu berücksichtigen:
1. Zeitinvestition des Kunden, die er bereits geleistet hat
2. Multiplikatoreffekt besonders hoch, teilt die Unzufriedenheit gerne mit
3. Ultimativer Charakter, mit Androhung der Konsequenzen

Daher ist es unabdingbar, daß Beschwerdebriefe sehr zügig und sorgfältig mit A-Priorität behandelt werden.

Tipps für den Umgang mit Beschwerdebriefen: (vgl. Haas & von Troschke, 2007, S. 119ff)

1. Innerhalb von 24 Stunden nach Erhalt des Briefes soll dafür so viel Zeit eingesetzt werden, damit der Fall soweit geklärt ist, daß eine erste Stellungnahme möglich ist.
2. Stellungnahmen sollten durch eine Person in leitender Funktion erfolgen, die für die Klärung die Verantwortung übernimmt.
3. Telefonische Kontaktaufnahme als schnellster und persönlichster Weg zum Kunden.
4. Kann der beschwerende Kunde nicht zeitnah erreicht werden, soll ihm geschrieben werden.
5. Definierte Standards und Textbausteine sollen genutzt und anschließend auf den konkreten Fall individualisiert werden.
6. Unnötige Redundanzen sollen vermieden werden. Knapp und klare Sätze sind oft mehr.
7. Jede Frage muß beantwortet werden. Mit der Beschwerdeantwort darf keine Frage offen bleiben.
8. Sofern nach dem Telefonat und nach genauer Prüfung die Reklamation als unberechtigt betrachtet wird, soll eine partnerschaftliche Formulierung gewählt werden mit einem fairen Angebot hinter dem NEIN.
9. Vereinbarte Lösungen und Vereinbarungen müssen umgehend schriftlich bestätigt werden.
10. Einige Wochen nach der Erledigung der Reklamation soll beim Kunden schriftlich oder mündlich nachgefragt werden, ob er mit der Lösung zufrieden ist („Nachbrenner" genannt).

Wir unterscheiden vier Arten von Antwortschreiben auf einen Beschwerdebrief: (ebd.)

1. *Eingangsbestätigung*
   Diese Art sollte jedoch nur eingesetzt werden, wenn nicht sofort eine klärende Antwort gegeben werden kann und der Kunde telefonisch nicht erreichbar war.
2. *Entschuldigungsschreiben mit Lösung*
   Sicher die vom Kunden bevorzugte Art von Antwortschreiben. Dabei sollte ein Postskriptum platziert werden, mit einem herzlichen Zweizeiler. Zu Beachten gilt, daß Entschuldigungsschreiben auch einen Multiplikatoreffekt haben und unbedingt diesen positiv genutzt werden muß.

3. *Freundliche Absage*

Wenn Fakten, Aufwand und Kosten nach sorgfältiger Prüfung jedoch gegen eine Kulanzlösung sprechen, bedarf es einer wertschätzend formulierten Absage. Nach dem Motto: Freundlich zur Person, klar in der Sache.

4. *Nachbetreuung*

Was für eine positive Überraschung, wenn der Kunde einige Wochen nach einem Entschuldigungsschreiben mit Lösung einen Anruf oder ein Schreiben erhält, in dem seine Zufriedenheit erfragt wird. Dieser After-Complaint-Service (Nachbetreuung) hat eine ausgezeichnete positive Wirkung.

Fazit:

Brieflich geäußerte Beschwerden sind Gold wert. Aber man muß als Kundencoach und Unternehmen bereit sein, genau hinzuschauen. In jedem Brief findet man mindestens einen Hinweis auf eine Schwachstelle. Manchmal steckt der Verbesserungsvorschlag in einem Nebensatz, manchmal ist der ganze Brief eine Offenbarung, für die man erst einmal aufwendige Testkäufe und Testanrufe betreiben oder einer Unternehmensberatung viel Geld zahlen müßte.

3.8.3 E-Mail

Seit einigen Jahren ist E-Mail ein schnelles, unkompliziertes und vor allem ein sehr anerkanntes Kommunikationsmittel. Die modernen CRM-Systeme und Dokumenten-Management-Systeme unterstützen den Kundencoach dabei, indem sie Antwortmuster mit vorgefertigten Textbausteinen liefern, die er nur noch um die entsprechenden Kundendaten ergänzen muß.

Die Kommunikation per E-Mail ist weniger förmlich, weniger zeit- und kostenaufwendig als die Briefform und der Kunde muß nicht zu Fuß zum Briefkasten gehen. Ein Vorteil ist auch, daß er keine Zeit und Geld in einer Warteschlange einer Hotline verschwendet. Mit einer E-Mail ist der Kunde unabhängig von der Erreichbarkeit des Empfängers – zum Preis einer zeitversetzten Antwort, die im Normalfall immer noch schneller ankommt als im physischen Briefverkehr. Auch die psychische Anstrengung ist geringer, da sich der Kunde keiner ihm unangenehmen kritischen Gesprächssituation aussetzt.

Der Beschwerdeweg per E-Mail ist der Kanal der Zukunft und wird vermehrt von der Klientel verwendet die zielorientiert eine Lösung suchen ohne viel Zeit verlieren zu müssen.

Im Umgang mit Beschwerden ist es wichtig bei der Flut an E-Mails diese schnell und korrekt zu triagieren. Mit Vorteil wird im Internet ein Kontaktformular eingesetzt und oder auch eine eigene E-Mail-Adresse (zum Beispiel: beschwerde@firmaxy.ch).
Eine automatische Antwort (Autoreply-Funktion) informiert den Absender innert Sekunden nach dem Absenden, daß seine E-Mail eingetroffen ist und diese entsprechend in Kürze weiterbearbeitet wird. E-Mail-Schreiber erwarten schnelle Lösungen. Daher sollte maximal nach drei Tagen die Antwort mit Lösung geliefert werden oder mindestens ein Zwischenbericht gesandt werden. Ist der Kunde damit nicht zufrieden oder diese ihm nicht weiterhilft, soll der Kundencoach zum Hörer greifen und den Kunden anrufen. Denn der beste Weg, einen verärgerten Kunden zu besänftigen, ist die rasche telefonische Kontaktaufnahme. Und der E-Mail-schreibende Kunde erwartet schließlich auch eine schnelle Lösung.
Bei E-Mail-Beschwerden ist die Hemmschwelle für Beleidigungen niedriger als auf den anderen klassischen Kanälen. In der Regel sind solche Beleidigungen auch nicht persönlich gemeint. Am besten tut der Empfänger einfach so, als habe er nichts bemerkt.

Fazit:

Das Zusammenspiel von Medien und kompetenten Mitarbeitern ist heute das A und O. Die E-Mail wird insbesondere durch die Möglichkeit des Scannens und der qualifizierten elektronischen Signatur zunehmend die briefliche Kommunikation verdrängen. Entsprechend soll der Umgang mit E-Mails professionalisiert werden. (vgl. Haas & von Troschke, 2007, S. 124ff)

3.8.4 Internet

Das Internet ist zur wichtigsten Kommunikationsplattform geworden. Es bietet viele Möglichkeiten für den Beschwerdeführer aber auch für die Unternehmen. Entsprechend gibt es auch empfindliche Gefahren für das eigene Unternehmen und seine Mitarbeiter. Allzu schnell sind Beschwerden mit Namen und Fotos im Internet veröffentlicht. Dies geht ganz einfach zum Beispiel mit einem Weblog (sog. „Blog"), in Meinungsforen, Chatrooms, Communities oder per Leserbrief bei einer Onlineausgabe einer Tageszeitung. Wie immer man das sehen mag, ob als feige Denunziation, mutige Selbstwehr, Versuch des Aufrüttelns und Änderns oder rhetorischen Blattschuß – es kann das eigene Unternehmen empfindlich treffen.
Was sind nun die Möglichkeiten und Chancen einer Unternehmung und welche Konsequenzen sollten darauf gezogen werden? Große Unternehmen mit relativ hohem Beschwerdeaufkommen sollten sich überlegen, ob sie eine eigene Beschwerdeseite in ihren Internetauftritt integrieren. So

können sie proaktiv negativer Internet-Mundpropaganda zuvorkommen, indem sie auf ihrer Website ein Forum zur Bearbeitung von Beschwerden einrichten. Diese Seite muß intensiv betreut und für interne Verbesserungsprozesse genutzt werden. Nach außen hat sie den großen Vorteil von Transparenz und direkter Kommunikation mit dem Kunden. Darüber hinaus gewinnt das Unternehmen einen Schatz von Anregungen „aus erster Hand".

Sollte ein Beschwerdeforum zum Beispiel aus rechtlicher Überlegung (zum Beispiel wegen Datenschutz) sollte in der Website als Minimallösung ein Kontaktformular (elektronische Meinungskarte) explizit für Beschwerden eingerichtet werden. Dieses Kontaktformular kann mit einer *Order Tracking-Funktion* ausgestattet sein. Dies bedeutet, der Kunde kann jederzeit selbständig den Verlauf und den Status seiner Beschwerde im Internet abrufen. Mit dieser Zusatzfunktion wird telefonisches Nachfragen reduziert und die Qualität der Dienstleistung gesteigert. Auch hier gilt: Der Kunde ist erst dann zufrieden zu stellen, wenn alle Beteiligten gute Arbeit leisten und sich alle auch an die Versprechen halten. Das Vorschlagswesen erlebt mit dem Internet zu Recht eine Renaissance, weil die besten Ideen von den Menschen kommen, die sich an der Schnittstelle zum und vom Kunden befinden.

Aus der Beschwerdeforschung ist seit Langem bekannt, daß Kunden ihre besonders negativen Konsumerlebnisse zum Gegenstand der persönlichen Kommunikation in ihrem sozialen Umfeld machen. (vgl. Stauss & Seidel, 2007, S. 74f)
Seit wenigen Jahren haben Kunden die Möglichkeit, ihre Konsumerlebnisse global zu kommunizieren. Der Begriff *Internet-Kunde-zu-Kunde-Kommunikation* kennzeichnet diesen grenzenlosen Dialog einer unbegrenzten Zahl von Internet-Teilnehmern in privaten Weblogs und Meinungsforen. Diese Tatsache, daß Kunden ihre Beschwerde nicht mehr nur direkt an das Unternehmen oder an Drittinstitutionen richten, sondern diese im Internet kommunizieren, ergibt für das Beschwerdemanagement eine neue Herausforderung. Da es sich jeweils um kundeninitiierte Kommunikationsformen handelt, ist es naheliegend, daß der Bereich Beschwerdemanagement diese Beiträge analysiert und in die Beschwerdemanagementprozesse integriert. Darüber hinaus setzen auch Unternehmen verstärkt Weblogs, sogenannte Corporate Blogs, als neues Instrument ihrer Kommunikationspolitik ein. Unter diesen sind für das Beschwerdemanagement primär Customer Care-Blogs und Krisen-Blogs, sekundär auch Produkt- oder Marken-Blogs, Customer Relationship-Blogs sowie interne und externe CEO-Blogs von Interesse. (vgl. Stauss & Seidel, 2007, S. 679f)

> ➔ Verbesserungen können von außen initiiert werden, aber nur von innen verwirklicht werden!

3.9 Implementierung von systematischem Beschwerdemanagement

Die Einführung eines systematischen Beschwerdemanagements ist sorgfältig zu planen und durchzuführen. Dabei kann man sich an dem Phasenmodell eines idealtypischen Implementierungsverlaufs nach Gierl (2000, S. 184) orientieren:

1. **Beschlussphase**
   a. Erstellung der Beschlussvorlage für die Unternehmensleitung
      i. Kurzanalyse des Ist-Zustands
      ii. Kurzbeschreibung des angestrebten Soll-Zustands
      iii. Darstellung der ökonomischen Konsequenzen
      iv. Erstellung des groben Budget- und Zeitplans
   b. Beschluß der Unternehmensleitung
2. **Projektorganisationsphase**
   a. Etablierung der Projektorganisation mit dem Lenkungsausschuss, dem Projektkernteam sowie einzelnen Arbeitsgruppen
   b. Information der Mitarbeiter
3. **Analysephase**
   a. Detaillierte Analyse des Ist-Zustands der Beschwerdeabwicklung
      i. Analyse des Leistungsspektrums
      ii. Analyse der Qualität der Aufgabenerfüllung
      iii. Analyse der personalpolitischen, organisatorischen und informationstechnologischen Rahmenfaktoren
   b. Umfeldanalyse
      i. Analyse der Makroumwelt
      ii. Analyse der Mikroumwelt
4. **Konzeptionsphase**
   a. Definition der Ziele des Beschwerdemanagements
   b. Wahl der Basisstrategie für das Beschwerdemanagement
   c. Abgleich von strategischem Soll-Profil mit dem Ist-Profil des Beschwerdemanagements
   d. Erstellung detaillierter Konzept- und Prozessbeschreibungen für alle Aufgabenbausteine des direkten und indirekten Beschwerdemanagementprozesses

- e. Entscheidungen über wesentliche personalpolitische, organisatorische und informationstechnologische Veränderungen
- f. Erstellung eines Handbuchs Beschwerdemanagement
- g. Verabschiedung von Budget- und Zeitplan für die Umsetzung der konzeptionellen Vorgaben

5. **Einführungsphase**
    - a. Einführung der veränderten Prozesse bezüglich der Aufgabenbausteine
    - b. Realisierung der aufbauorganisatorischen Veränderungen
    - c. Bereitstellung der IT-Unterstützung
    - d. Realisierung des Einstellungsveränderungsprozesses durch Sensibilisierungs- und Schulungsveranstaltungen
    - e. Durchführung „Interner Audits"

Jede Phase muß dabei von einer zweckmäßigen internen Kommunikation begleitet werden. Im Weiteren steht der Implementierung eines umfassenden Beschwerdemanagements häufig eine Reihe von Akzeptanz-, Führungs- und Organisationsbarrieren entgegen, die wahrgenommen und mit geeigneten Gegenmaßnahmen überwunden werden müssen.

4. BESCHWERDEMANAGEMENT-KONZEPT FÜR DIE SANITAS

4.1 Vorbemerkung

In der Sanitas wird allgemein von einem Reklamationsmanagement und nicht von Beschwerdemanagement gesprochen. Entgegen der Literatur wird in der Sanitas nicht zwischen beiden Begriffen unterschieden. Zu Gunsten einer stringenten Weiterverwendung der Begriffe in diesem Buch wird in der Folge weiterhin von einem Beschwerdemanagement gesprochen.

4.2 Befragung zum strategischen Beschwerdemanagement in der Sanitas

Wie in der Einleitung (Kapitel 1) erwähnt, verfügt die Sanitas Krankenversicherung über kein systematisches Beschwerdemanagement. Entsprechend gibt es nur wenig schriftliche Informationen über die Ist-Situation. Einzig ein 4-seitiger Flyer mit Gültigkeit ab 01.07.2005 gibt es zum Thema Beschwerdemanagement. Statistiken gibt es dazu keine und es können keine Aussagen zur Menge an eingegangener Beschwerden gemacht werden. Deshalb entschloß sich der Autor bei verschiedenen Mitgliedern der Geschäftsleitung und der Direktion eine Befragung zum strategischen Beschwerdemanagement in der Sanitas durchzuführen. Es wurden ausschließlich Personen befragt die auch direkt für Kundenbetreuung, Produkte und/oder Vertrieb verantwortlich sind.

Versendet wurden 11 Fragebögen per E-Mail. Der Rücklauf betrug 10. Der Fragebogen besteht aus 24 Fragen. Davon war die Beantwortung von 10 Fragen „obligatorisch" (gelb markiert) und die weiteren fakultativ. Der vollständige Original-Fragebogen befindet sich im Anhang.

Auf Grund von Firmeninternas wird in diesem Buch auf die Auflistung der detaillierten Antworten der Befragung verzichtet.

Aus diesen erhaltenen Antworten läßt sich ableiten, daß in der Sanitas bereits ein gemeinsames Verständnis darüber besteht, welche Kunden wir haben, wie diese betreut werden müssen, der Nutzen für den Kunden bei der Sanitas und so weiter. Auf dieser gemeinsamen Wahrnehmung läßt sich aufbauen.

Bezogen auf das Beschwerdemanagement werden die fehlenden Standards zum Beispiel bei den Fristen deutlich. Zudem wird eine große Menge an identifizierten Schwachstellen im Beschwerdemanagement bemängelt, die auf ein fehlendes systematisches Beschwerdemanagement zurückzuführen ist.

Fazit:

Die Antworten waren bei den meisten Fragen, trotz offener Fragestellung, gar nicht so unterschiedlich wie erwartet werden könnte. Und das interpretiert der Autor als eine sehr gute Basis, dies wenn die Entscheidungsträger unabhängig ein gleiches Verständnis über ein Thema besitzen. Dabei wurde die Notwendigkeit und Wunsch nach einer Entwicklung und Implementierung eines systematischen Beschwerdemanagements in der Sanitas in dieser Umfrage sehr deutlich nachgewiesen.

Die Antworten dieser Umfrage bilden zusammen mit dem theoretischen Kern dieser Arbeit die Grundlage für das folgende Beschwerdemanagement-Konzept.

4.3 Strategiebezug und Ziele

Als nächster Schritt ist es angezeigt zum geplanten Vorhaben mit Thema Beschwerdemanagement ein Bezug zur Strategie und der Ziele der Sanitas herzustellen.

4.3.1 Strategiebezug

Das Thema Beschwerdemanagement wird in der Sanitas Strategie 2011 der Position „Leadership in der Dienstleistungsqualität" subsumiert.

Konkret werden damit folgende *strategische Ziele* verfolgt:
- Erhöhung der Kundenorientierung
- Weiterentwicklungen den Kundenbedürfnissen anpassen

Eine der daraus abgeleiteten Maßnahmen ist der Titel dieses Buches: ***Entwicklung und Einführung eines systematischen Reklamationsmanagements***

4.3.2 Ziele

Globalziel:

Das Globalziel des Beschwerdemanagements liegt darin, Gewinn und Wettbewerbsfähigkeit des Unternehmens dadurch zu erhöhen, daß Kundenzufriedenheit wiederhergestellt, die negativen Auswirkungen von Kundenunzufriedenheit auf das Unternehmen minimiert und die in Beschwerden enthaltenen Hinweise auf betriebliche Schwächen und Chancen genutzt werden.

Teilziele:

- Steigerung der Servicequalität, durch schnelle Reaktionszeiten
- Vermeidung und Reduzierung von Fehler-, Folge-, und Beschwerdekosten
- Wiederherstellung von Kundenzufriedenheit, während gleichzeitig die negativen Auswirkungen durch Unzufriedenheit des Kunden minimiert werden
- Nutzung der Beschwerdeinformation im Hinblick auf betriebliche Risiken und Chancen im Markt und für ein Frühwarnsystem
- Kundenorientierte Prozesse im Griff
- Beschwerde-Lernen, als Beitrag zur Unternehmensentwicklung
- Etablierung einer kundenorientierten Beschwerdekultur
- Kompetenz auf allen Kanälen

4.4 Unsere Spielregeln im Beschwerdemanagement

1. *Bei Kundenbeschwerden wird sofort reagiert!*
   Wenn keine sofortige Lösung möglich ist, wird der Kunde informiert, wie und wann sein Problem gelöst wird. Die Erledigung wird entsprechend verfolgt.

2. *Rückrufe werden innert 24 Stunden erledigt!*
   Wenn noch keine Lösung gefunden wurde, erhält der Kunde einen Zwischenbericht.

3. *Bei Brief- oder E-Mail-Beschwerden wird der Kunde am gleichen Tag angerufen, die Beschwerde geklärt und/oder dem Kunden wird mitgeteilt, daß er innert 3 Tagen eine Antwort erhält.*
   Bei jedem Schreiben, bei dem von uns eine Antwort erwartet wird, muß diese Frist eingehalten werden. Sollte es nicht möglich sein, die Antwort in dieser Frist zu geben,

muß ein schriftlicher Zwischenbericht an den Kunden geschickt werden.

4. *Werden interne E-Mails oder Aktennotizen mit der Aufforderung, etwas zu erledigen, verfaßt, darf es nur einen Verantwortlichen geben!*
Aus dem Text muß eindeutig hervorgehen, wer etwas erledigen soll. Wir können es nicht mehreren Empfängern überlassen, etwas zu erledigen oder darauf zu warten, daß der Kollege es tut.

5. *Jeder hat zu jeder Zeit einen Stellvertreter!*
Jeder hat selbst dafür zu sorgen, daß im Fall von Urlaub oder bei längerer Abwesenheit ein Vertreter erreichbar ist – und kompetent ist, die Vertretung auszuüben. Der Stellvertreter bearbeitet auch die Wiedervorlagen.

6. *Jeder ist während der Arbeitszeit erreichbar.*
Bei Abwesenheit vom Arbeitsplatz wird das Telefon entsprechend umgestellt. Das Umstellen wird der Zentrale mitgeteilt. Einen Anruf „ins Leere" darf es nicht geben. Eine Telefonzentrale muß während den Öffnungszeiten generell besetzt sein. Sollten in einem erreichbaren Umfeld Telefone läuten, die nicht besetzt oder umgestellt sind, sind wir verpflichtet, den jeweiligen Anruf anzunehmen.

7. *Wir helfen und unterstützen uns gegenseitig.*

8. *Jeder ist der Kunde von jedem!*

4.5 Beschwerdestufen und ihre zuständigen Organisationseinheiten

Nicht jede Beschwerde ist gleich und muß mit der gleichen Aufmerksamkeit bearbeitet werden. In der Praxis hilft dabei die Unterscheidung nach Beschwerdestufen.

4.5.1 Beschwerdestufen

Folgende Beschwerdestufen werden in der Praxis unterschieden:
- *Einfache Beschwerden* (Trivialbeschwerden)
- *Komplexe Beschwerden*

- *Direktionsbeschwerden*
- *Eskalierende Beschwerden*

Nicht als Beschwerden gelten:
- Reine Wiedererwägungsgesuche
- Auskunftsbegehren gemäß Öffentlichkeits- und Datenschutzgesetz
- Und ähnliches

(vgl. Stauss & Seidel, 2007, S. 201ff)

Einfache Beschwerden (Trivialbeschwerden) sind klare Fälle die mündlich oder schriftlich sofort erledigt werden können, mit höchsten einer Rückfrage in einer Fachabteilung.

Beispiele: a) Ein Medikament wurde nicht bezahlt obwohl dieses versichert ist. Medikament bezahlen und dies dem Kunden bestätigen.

b) Eine Massagebehandlung wurde nicht bezahlt weil der Therapeut nicht krankenkassenanerkannt ist. Dem Kunden die Ablehnung nochmals begründen und an der Ablehnung festhalten.

Komplexe Beschwerden sind aufwendige Fälle die auf Grund ihrer Komplexität nicht sofort erledigt werden können. Rückfragen in verschiedenen Fachabteilungen und erhebliches Aktenstudium sind notwendig.

Beispiel: Angehörige eines Verstorbenen Versicherten beschweren sich weil der Vertrag zu spät beendet wurde und weiterhin Prämien eingezogen wurden. Zudem stimmen diverse Pflegeheimabrechnungen nicht und Arztrechnungen wurden direkt dem Arzt bezahlt und nicht an die Angehörigen zurückerstattet, die die Arztrechnung bereits dem Arzt bezahlt hatten.

Eskalierende Beschwerden sind Fälle bei denen a) der Kunde mit unserer Beschwerdeantwort nicht zufrieden war und sich der Ton damit verschärft hat, oder b) der Kunde mit den Medien (Presse, Fernsehen, Radio, Internet) oder mit rechtlichen Schritten droht.

Direktionsbeschwerden können sowohl einfach, komplex oder eskalierend sein. Sie unterscheiden sich insofern, als daß diese an die Geschäftsleitung adressiert sind.

4.5.2 Beschwerdebearbeitungs-Matrix

Beschwerdestufe	Zuständige OE	Schnittstellen	Bearbeitungsfristen
Einfache Beschwerden	Eingangsort (Complaint-Owner, in der Regel: Kundensupport oder Beschwerde-Center)	Nach Bedarf Fachabteilung oder Beschwerde-Center	Max. 3 Arbeitstage bis die abschließende Antwort beim Kunden eintrifft
Komplexe Beschwerden	Beschwerde-Center	Fachabteilung	Empfangsbestätigung innert 24 h, max. 10 Arbeitstage bis die abschließende Antwort beim Kunden eintrifft
Eskalierende Beschwerden	Beschwerde-Center	Fachabteilung, Leiter Operations und zuständiger SC Leiter, nach Bedarf Kommunikation und Rechtsabteilung	Empfangsbestätigung innert 24 h, max. 5 Arbeitstage bis die abschließende Antwort beim Kunden eintrifft
Direktionsbeschwerden	Beschwerde-Center	Dito, zusätzlich Departementsleitung	Fristen gemäß Beschwerdestufen wie oben

4.6 Außerordentliche Leistungen

Ablehnungen von Leistungsanfragen sind einer der häufigsten Gründe die zu einer Beschwerde führen können. Deshalb ist es angezeigt das Thema außerordentliche Leistungen für die Beschwerdebearbeitung zu regeln.

Definition:
Eine außerordentliche Leistung ist eine betraglich und zeitlich begrenzte Leistung. Sie ist individuell und auf einen Kunden bezogen und gelangt einmalig zur Auszahlung.

Ziele:

1. Steigerung der Kundenzufriedenheit
2. Unterstützung der Abrechnungsteams in den Service Center, Verkaufsberater und Kundensupport in ihrer Tätigkeit
3. Image der Sanitas verbessern

Leistungskategorien und ihre Merkmale:

Leistungskategorie	Merkmale
1. **Vertragliche und gesetzliche Leistungen gemäß KVG und VVG** (Krankenversicherungsgesetz und Versicherungsvertragsgesetz)	Der Leistungsumfang ist in den Bundesgesetzen und deren Verordnungen und oder in den allgemeinen Vertragsbestimmungen abschließend festgehalten. Leistungen über diesen Umfang hinaus sind gesetzlich nicht gestattet.
2. **Grauzonen im Bereich KVG**	Im KVG vorhandene Grauzonen werden durch Sanitas-Richtlinien oder durch Gerichtsentscheide definiert. Wir sprechen hier aber nicht von Kulanzleistungen da die Richtlinien für gleiche Fälle angewandt werden (Gleichbehandlung aller Versicherten).
3. **Treu & Glauben**	Bei nachweislich falscher Auskunft an den Versicherten, bei denen er sich auf Treu & Glauben berufen kann, muß dieser schadlos gehalten werden und zugesicherte Leistungen bis zum Widerruf vergütet werden.
4. **Zusatzleistungen VVG**	Keine gesetzliche oder vertragliche Grundlage vorhanden. Im Vordergrund steht die Konkurrenzfähigkeit der Sanitas im Wettbewerb. Die Leistungen werden buchhalterisch auf das Produkt übertragen.
5. **Außerordentliche Leistungen** (Kulanzzahlungen)	Als eigentliche Kulanzleistungen sollen Leistungen bezeichnet werden, welche auf Grund unserer Handlung und Entscheidung eine die Punkte 1 – 4 übersteigende Geldauszahlung zur Folge hat. Die Kulanzleistung ist Kunden und Fall bezogen sowie einmalig, abgestuft nach dem Kundenwert. Sie erfolgt ohne rechtspflicht und ohne präjudizierende Wirkung.

4.7 Formulare und Checklisten für die Beschwerdebearbeitung

Im Kontext einer Beschwerdebearbeitung werden folgende Formulare benötigt, die im Rahmen eines Einführungsprojekts zu erstellen sind:
- Leitfaden für die Beschwerdebearbeitung
- Formular für die Gesprächsvorbereitung
- Formular für die Gesprächsnachbereitung
- Feedbackformular „Zufriedenheitsbarometer"
- Diverse Textbausteine für die Beantwortung von Beschwerden
- Diverse Checklisten (➔ Einzelne zu erstellende Checklisten sind als Beispiel im Anhang aufgeführt.)

4.8 Organisation des Beschwerdemanagements

Wie im Kapitel 3.4 beschrieben, gibt es drei Varianten für die Organisation eines Beschwerdemanagements von denen zwei in einer Krankenversicherung in Frage kommen können. Im nachfolgenden werden diese Varianten nochmals aufgenommen und deren Vor- und Nachteile in Bezug auf einen Einsatz bei der Sanitas gegenübergestellt.

4.8.1 Variante 1: zentrale Beschwerdemanagement-Organisation

Zentrales System ➔ Alle Beschwerden werden ausschließlich durch das Beschwerde- Center bearbeitet.

Vorteile:
- Entlastung der operativen Einheiten in den Service Centern
- Eskalierende Beschwerden können durch eine „neutrale" Stelle (Beschwerde-Center) bearbeitet werden und muß nicht am Ort der Entstehung der Beschwerde gelöst werden. Dadurch wird auch eine in der Regel höhere Akzeptanz bei den Beschwerdeführern erreicht.
- Übersicht und Analyse über Einzelprobleme oder generellem Probleme

Nachteile:

- Planungsunsicherheit bei der Ressourcenallokation
- Fachspezialisten bearbeiten Trivialbeschwerden

4.8.2 Variante 2: duale Beschwerdemanagement-Organisation

Duales System ➔ Einfache Beschwerden werden nach Möglichkeit am Ort des Eingangs erledigt. Via E-Mail und Internet eingehende Beschwerden werden durch das Beschwerde-Center bearbeitet. Komplexe, eskalierende und Direktions-Beschwerden werden im Beschwerde-Center bearbeitet, unter Einbezug der entsprechenden Stellen.

Vorteile:

- Entlastung der operativen Einheiten in den Service Centern
- Eskalierende Beschwerden können durch eine „neutrale" Stelle (Beschwerde-Center) bearbeitet werden und muß nicht am Ort der Entstehung der Beschwerde gelöst werden. Dadurch wird auch eine in der Regel höhere Akzeptanz bei den Beschwerdeführern erreicht.
- Schnelle Bearbeitung
- Übersicht und Analyse über Einzelprobleme oder genereller Probleme, sofern alle Beschwerden im entsprechenden Tool erfaßt werden

Nachteile:

- Prognose des zukünftigen Beschwerdeaufkommens (Mengen) ist nicht möglich. Somit Planungsunsicherheit bei der Ressourcenallokation. Jedoch ist dieser Nachteil im dualen System kleiner als im zentralen System.
- Lückenlose Erfassung der Beschwerden ist schwierig sicherzustellen.

4.8.3 Empfehlung

Aus Sicht des Autors ist Variante 2 mit dem dualen System zu empfehlen.
Begründung: Das duale System beinhaltet die Vorteile des zentralen Systems und verstärkt diese mit einem weiteren Vorteil. Die Nachteile sind im dualen System weniger stark zu gewichten

gegenüber dem zentralen System. Zudem paßt das duale System viel besser in die organisatorische Landschaft der Sanitas und ist daher zu bevorzugen.

Entsprechend dieser Empfehlung läßt sich ein mögliches Organigramm des Beschwerdemanagements im dualen System ableiten und stellt sich wie folgt dar:

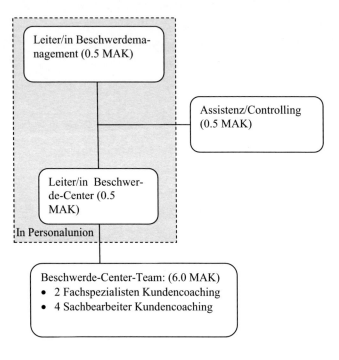

Abb. 7: Empfehlung für ein mögliches Organigramm des Beschwerdemanagements

4.9 Personelle Umsetzung

Auf Grund fehlender Statistiken ist eine Aussage über die Anzahl benötigter MAK (Mitarbeiterkapazitäten) nicht exakt möglich. Im Vergleich mit einem anderen Krankenversicherer wissen wir, daß auf je 1000 Versicherte pro Jahr 20 Beschwerden folgen (86 % telefonisch, 12 % schriftlich (Briefpost) und 2 % per E-Mail und Internet). Die ähnlich wie ein Beschwerde-Center organisierte Einheit verfügt über 1 MAK je 100'000 Versicherte. Für die Sanitas ergibt sich daher in einem dualen System ein Bedarf von *8 MAK* für das Beschwerde-Center inkl. Leitung.

4.9.1 Anforderungsprofil Kundencoach

Anforderungen

1. Kaufmännische Grundausbildung
2. Abgeschlossene Weiterbildung als Fachmann/-frau mit eidgenössischem Fachausweis im Kranken-, Privat- oder Sozial-Versicherungsbereich
3. Einige Jahre Berufserfahrung im Krankenversicherungs- oder Privatversicherungsbereich
4. Ausgeprägte emotionale Intelligenz und Empathie
5. Konfliktfähigkeit
6. Flexibilität
7. Spezifische Techniken der Gesprächsführung
8. Argumentationsmethoden und Techniken der Einwandbehandlung
9. Sicherheit im Abschluß und bei Vereinbarungen
10. Gute Kenntnisse über firmeninterne Prozesse, Schnittstellen und spezielle Zusammenhänge
11. Schnelligkeit und Genauigkeit der Aufgabenerfüllung
12. Überzeugungsfähigkeit
13. Problemlösungskompetenz
14. positive Grundhaltung
15. großes Selbstwertgefühl

Benötigte Stärken

- Fachkompetenz
- Ausgeprägte Kundenorientierung
- Hohe Frustrationstoleranz
- Ziel- und ergebnisorientiertes Handeln
- Gute Office-Kenntnisse

4.9.2 Aufgaben, Kompetenzen und Verantwortung des Beschwerde-Center

Aufgaben

Das Beschwerde-Center nimmt, im Rahmen der definierten Prozesse, hauptsächlich schriftliche (aber auch mündliche) Kundenbeschwerden sämtlicher Schwierigkeitsgrade entgegen, bearbeitet diese und nimmt gegenüber Kunden Stellung. Damit die internen Prozesse, die Produkte und die

Dienstleistungsqualität ständig optimiert werden können, ist das Beschwerde-Center auch für das Reporting und Controlling im Beschwerdemanagement zuständig.

Kompetenzen

- Entscheidungskompetenz für Beschwerden aller Stufen (bei Direktionsbeschwerden in Absprache mit dem zuständigen Geschäftsleitungsmitglied)
- Sammlung von Daten (anonymisierte Kundendaten) und Informationen für die Erstellung und Interpretation von Reportings.
- Erstellung von Richtlinien im unternehmensweiten Umgang mit Beschwerden.

Verantwortung

- Das Beschwerde-Center ist im gesamten Beschwerdebearbeitungsprozess verantwortlich für die fristgerechte und kundenorientierte Erledigung von Beschwerden, gemäß Sanitas-Standards. Ausnahme bilden einfache Beschwerden die mit dem Complaint-Owner-Prinzip erledigt werden.
- Erstellung von qualitativen und quantitativen Reports, die zur kontinuierlichen Verbesserung der Dienstleistungen, Produkte und generell der Prozesse genutzt werden können.
- Weiterentwicklung des Bereichs Beschwerdemanagement.

4.9.3 Führung des Beschwerdemanagements

An den Leiter oder die Leiterin des Beschwerdemanagements grundsätzlich die gleichen Anforderungen gestellt wie eine Führungsperson einer anderen operativen Einheit. Zur erfolgreichen Führung des Beschwerdemanagements werden jedoch einige Kompetenzen mit stärkerer Ausprägung benötigt. Diese sind:

- Coachingkompetenz
- Netzwerkkompetenz
- Integrationsfigur
- Serviceapostel

4.10 Prozesse des Sanitas-Beschwerdemanagements

Die folgende Abbildung gibt einen Überblick über alle relevanten Prozesse im Beschwerdemanagement der Sanitas, mit den entsprechenden Rahmenfaktoren, welche in sich ebenfalls Prozesse durchlaufen, um in der nötigen Qualität, Menge oder Struktur zur Verfügung stehen.

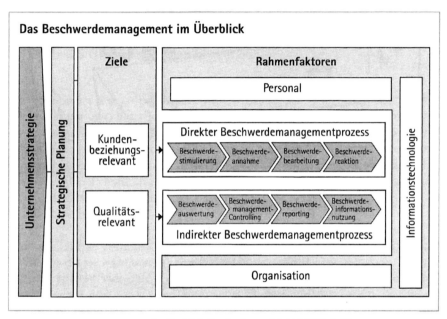

Abb. 8: Das Beschwerdemanagement im Überblick (Quelle: Stauss & Seidel, 2007, S. 89)

Diese Prozesslandkarte ist die Basis für die Definition und Modellierung der Prozesse der tieferen Ebenen.

4.11 Anpassungen in den IT-Systemen

Mit einem systematischen Beschwerdemanagement gibt es bei der IT mindestens die folgenden drei Handlungsfelder:
- Internet-Kontaktformular
- E-Mail-Adresse für Beschwerden
- Tool zum Management von Beschwerden

4.11.1 Internet-Kontaktformular

Um die Hürden zum Kunden abzubauen, eignet sich ein in den Websites integriertes Internet-Kontaktformular eigens für Beschwerden. Dies hat folgenden Inhalt und Felder zum Ausfüllen:

Beschwerde

Ihre Meinung ist uns wichtig. Senden Sie uns Ihre Beschwerde oder Anregungen. Wir sind bestrebt uns laufend zu verbessern.

Ihre Mitteilung

[   ]

Anrede

Herr oder Frau
O   O

Name

[   ]

Vorname

[   ]

Straße / Nr.

[   ]

PLZ

[   ]

Ort

[   ]

E-Mail

[   ]

Kundennummer (zB. 7654321-9)

[   ]

[senden]

Dieses Kontaktformular wird an eine unpersönliche E-Mail-Adresse des Beschwerdemanagements zur weiteren Bearbeitung gesendet.

4.11.2 E-Mail-Adresse für Beschwerden

Entsprechend wird auch eine unpersönliche E-Mail-Adresse benötigt. Diese kann wie folgt lauten:

    beschwerde@sanitas.com

Diese soll auch für die interne Weiterleitung von Beschwerden an das Beschwerde-Center verwendet werden. Diese E-Mail-Adresse wird von Mitarbeitenden des Beschwerde-Centers betreut.

4.11.3 Tool zum Management von Beschwerden

Für ein effizientes Management von Beschwerden wird zur Unterstützung ein IT-Tool benötigt. Dies kann eine eigene handelsübliche Software für Beschwerdemanagement sein oder auch mit einer Anpassung in der CRM-Software und oder DMS-Software realisiert werden.
Nebst der einfachen Erfassung, Kategorisierung und Bearbeitung von Beschwerden sind auch die Statistik- und Controlling –Funktion sehr relevant.

4.12 Datenschutz und Datensicherheit

Der Datenschutz und die Datensicherheit haben den gesetzlichen und internen Anforderungen zu genügen. Konkret bedeutet dies, daß alle eingegangenen Beschwerden vertraulich behandelt werden, Auskünfte an Drittpersonen darf nur mit entsprechender schriftlich vorliegender Vollmacht erfolgen und zur Erstellung von Statistiken werden die Beschwerden in einer anonymisierten Form aufgenommen.

4.13 Umsetzung des neuen systematischen Beschwerdemanagements

Die Einführung des neuen systematischen Beschwerdemanagements soll mit Vorteil im Rahmen eines Projekts umgesetzt werden.

Vor dem Projektstart müssen Fragen zu folgenden Themen geklärt werden:
- Projektauftrag und -ziele
- Lenkungsausschuss (STC)
- Projekt-Kernteam
- Zeitplan
- Projektbudget
- Schnittstellen
- Umsetzungsstufen
- Rahmenbedingungen

Im Rahmen des Umsetzungsprojekts müssen folgende Themen in Arbeitspaketen bearbeitet werden:
- **Projektmanagement**
    - Projektressourcen
    - Projektbudget
    - Projektplanung
    - Projektführung
    - Projektmarketing
- **Dimension Organisation / Personal**
    - Aufbau Beschwerdemanagement
    - Stellenprofile erstellen
    - Schulung
    - Change Management
- **Dimension Technik**
    - Internet
    - E-Mail
    - BM-Tools
    - Statistik- und Controlling-Tool
- **Dimension Standards und Prozesse**
    - Begriffsdefinitionen
    - Beschwerde-Kriterien und –Kategorien
    - Beschwerdemanagementprozesse
    - Kulanzkonzept / Kulanzbudget
    - Richtlinien im Umgang mit Beschwerden

- o ISO-Zertifizierung für das Beschwerdemanagement
- o Erweiterung Fach-Kompetenzordnung
- o Textbausteine definieren
- o Erreichbarkeit und Reaktionsgeschwindigkeit festlegen

- **Dimension Kommunikation**
  - o Kommunikation intern / Vermittler
  - o Kommunikation an Kunden
  - o Beschwerdestimulierende Maßnahmen

- **Dimension Rollout**
  - o Rollout-Drehbuch
  - o Einführungsplan

5. SCHLUSSBEMERKUNG UND AUSBLICK

5.1 Überprüfung der Fragestellung und der Hypothesen

Überprüfung der Fragestellung

Wie soll ein systematisches Reklamationsmanagement in einer mittelgroßen schweizerischen Krankenversicherung gestaltet und organisatorisch angesiedelt werden, damit die Aufgaben des Reklamationsmanagements in einem optimalen Aufwand/Nutzen-Verhältnis erfüllt werden können?

Gemäß dem Autor und unter Berücksichtigung der Theorie und der Umfrageergebnisse, ist ein duales System mit einem zentralen Beschwerde-Center zu empfehlen. Siehe dazu auch Kapitel 4.8.3.

Welchen Beitrag leistet ein systematisches Reklamationsmanagement zur Kundenbindung?

Beschwerden sind Chancen. Der Faktor Kundenzufriedenheit steht in direkter Korrelation mit dem Gewinn. Mit zunehmender Kundenzufriedenheit resp. –Loyalität steigt auch der Gewinn. Dabei ist vor allem ein **proaktives Beschwerdemanagement** entscheidend für die Kundenzufriedenheit und -treue. Entsprechend sollte das Beschwerdemanagement als eine ganzheitliche Aufgabe verstanden und angegangen werden. Dies im Bewußtsein, daß Akquisition neuer Kunden heute fünfmal teurer ist als die Kundenbindung.

Mit welchen Einführungsempfehlungen kann schnell eine maximale Wirkung erzielt werden?

Die Einführung eines systematischen Beschwerdemanagements ist sorgfältig zu planen und durchzuführen. Dabei kann man sich an dem Phasenmodell eines idealtypischen Implementierungsverlaufs nach Gierl (2000, S. 184) orientieren. Die Einführung des neuen systematischen Beschwerdemanagements soll mit Vorteil im Rahmen eines Projekts umgesetzt werden. Siehe dazu auch Kapitel 3.9 und 4.13.

Überprüfung der Hypothesen

- Ein systematisches Reklamationsmanagement hat eine strategische Bedeutung und liefert einen relevanten Beitrag zum Erfolg eines Unternehmens.
- Systematisches Reklamationsmanagement ist ein entscheidender Faktor in der Kundenorientierung und trägt maßgeblich zur Kundenbindung bei.
- Systematischer und professioneller Umgang mit Reklamationen bindet Kunden an die Unternehmung, steigert die Kundentreue und die Weiterempfehlungen.

Ein unzufriedener Kunde hat bestimmte Erwartungen an die Beschwerdeantwort des Unternehmens. Dies ist der Standard mit dessen er seine tatsächlichen Erfahrungen vergleicht und beurteilt. Werden die Erwartungen übertroffen, tritt Beschwerdezufriedenheit ein, werden sie erfüllt, ist Indifferenz die Folge, andernfalls Beschwerdeunzufriedenheit. Entsprechend resultiert eine kundenbindende Wirkung oder eben nicht.

Beschwerdemanagement beginnt grundsätzlich nicht am Computer, sondern in den Köpfen der Mitarbeiter. Dennoch ist eine Integration in eine CRM-Strategie und in die technischen CRM-Strukturen zwingende Voraussetzung für ein systematisches unternehmensweites und wohlstrukturiertes Beschwerdemanagement. Dabei ist die Nutzung der Analyseergebnisse für ein proaktives Qualitätsmanagement mitentscheidend für eine erhöhte Kundenzufriedenheit und langfristige Kundenbindung. Für viele Unternehmen ist es daher von großem Nutzen ein systematisches und gut integriertes Beschwerdemanagement einzuführen.

5.2 Ausblick

Im Laufe dieser Studie wurde der Autor einige Male positiv überrascht, wie Führungskräfte der obersten Hierarchieebene trotz fehlenden systematischen Beschwerdemanagements ein stabiles und gemeinsames Verständnis über die Ausgestaltung des Beschwerdemanagements besitzen. Darauf läßt sich sehr gut aufbauen.

Zur Entwicklung im Detail und Einführung eines systematischen Beschwerdemanagements in der Sanitas wird zwingend ein Einführungsprojekt benötigt. Dieses wird voraussichtlich gegen Ende 2010 gestartet und findet im Jahre 2011 seinen Abschluß mit der flächendeckenden Einführung.

Hergiswil, 19.05.2010 / Lukas Liem

LITERATURVERZEICHNIS

BDV Bund der Verbraucher e.V. (2005)	Machtverschiebung zugunsten der Verbraucher. Nicht der Unternehmer, der Kunde bestimmt über die Produkte. Internet: http://www.pressetext.de/pte.mc?pte=050810005 (Stand: 16.05.2010)
Brasch, C. & Köder, K. & Rapp, R. (2007)	Praxishandbuch Kundenmanagement. 1. Auflage. Weinheim: WILEY-VCH Verlag
Brückner, M. (2007)	Beschwerdemanagement. 2. Auflage. Heidelberg: Redline
Bruhn, M. (2007)	Kundenorientierung. Bausteine für ein exzellentes Customer Relationship Management. 3. Auflage. München: Deutscher Taschenbuch Verlag.
Cerwinka, G. & Schranz, G. (2009).	Wenn der Kunde laut wird. Professioneller Umgang mit Beschwerden. 1. Auflage. Wien: Linde Verlag.
Förster, A. & Kreuz, P. (2007)	Alles, außer gewöhnlich. 4. Auflage. Berlin: Ullstein.
Geffroy, E. & Klose, M. (1998)	Verkaufserfolge auf Abruf in der Versicherungsbranche. Landsberg: mvg-Verlag.
Gierl, H (2000)	Beschwerdemanagement als Bestandteil des Qualitätsmanagements. In: Helm, R. & Pasch, H. (Hrsg.): Kundenorientierung durch Qualitätsmanagement. Perspektiven – Konzepte – Praxisbeispiele. Frankfurt am Main
Glasl, F. (2004)	Konfliktmanagement. 8. Auflage. Bern: Haupt Verlag AG.
Haas B. & von Troschke, B. (2007)	Beschwerdemanagement. Aus Beschwerden Verkaufserfolge machen. Offenbach: Gabal Verlag.
Haeske, U. (2001).	Beschwerden und Reklamationen managen. Kritische Kunden sind gute Kunden!. Weinheim und Basel: Beltz Verlag.
Hanser, P. (2006)	Nicht mehr, sondern sinnvoller kaufen. In: absatzwirtschaft – Zeitschrift für Marketing. 2/2006. S. 31-34
Innovations report (2005)	MATERNA und Universität Dortmund veröffentlichen Studie zum Beschwerde Management.
Kenzelmann, P. (2008)	Kundenbindung. Kunden begeistern und nachhaltig binden. 3. Auflage. Berlin: Cornelsen.
Königswieser, R. & Exner, A. (2004)	Systemische Intervention. Architekturen und Designs für Berater und Veränderungsmanager. 8. Auflage. Stuttgart: Klett-Cotta.
Kotter, J. (2009)	Das Prinzip DRINGLICHKEIT. Schnell und konsequent handeln im Management. Frankfurt/Main: Campus.
Kundenmonitor Deutschland (2005)	Verbraucher verspüren in Deutschland höheres Serviceniveau. Internet: http://www.servicebarometer.net/kundenmonitor/tl_files/files/Pressemitteilung2006.pdf (Stand: 16.05.2010)

Kundenmonitor Deutschland (2009)	Gutes Serviceklima in der Krise. Internet: http://www.servicebarometer.net/kundenmonitor/tl_files/files/PM0 90908_kundenmonitor2009.pdf (Stand: 16.05.2010)
K-Tipp (2009)	K-Tipp. Konsumentenmagazin. Ausgabe 13/2009 vom 19. August 2009.
Lay, R. (2006)	Führen durch das Wort. 6. Auflage. Berlin: Ullstein.
Lometsch, A. & Strametz, D. (1994)	So verbessern Sie Ihre Menschenkenntnis. München: Moderne Verlagsgesellschaft.
Nagel, K. (1995)	200 Strategien, Prinzipien und Systeme für den persönlichen und unternehmerischen Erfolg. 6. Auflage. Landsberg am Lech: Verlag Moderne Industrie
RightNow-Studie (2006)	Internet: http://www.rightnow.com/news/article.php?id=7373 (Stand: 16.05.2010)
Rosenberg, M. (2005)	Gewaltfreie Kommunikation. Eine Sprache des Lebens. 6. Auflage. Paderborn: Junfermann Verlag.
Sawizki, E. (1996)	NLP im Alltag. 2. Auflage. Offenbach: Gabal
Scheible, K. (2009)	Menschenkenntnis. Personen richtig einschätzen und überzeugen. 1. Auflage. Berlin: Cornelsen Verlag.
Scheler, U. (1999)	Management der Emotionen. Offenbach: Gabal Verlag.
Scherer, H. (Hrsg.). (2007)	Von den Besten profitieren. Offenbach: Gabal.
Schulz von Thun, F. & Thomann, Ch. (2005)	Klärungshilfe 1. 2. Auflage. Reinbek bei Hamburg: Rowohlt.
Schulz von Thun, F. (1981)	Miteinander Reden 1. Störungen und Klärungen. Reinbek bei Hamburg: Rowohlt.
Schulz von Thun, F., Ruppel, J. & Stratmann, R. (2005)	Miteinander reden. Kommunikationspsychologie für Führungskräfte. 4. Auflage. Reinbek bei Hamburg: Rowohlt.
Sommer, J. (2003)	NLP for Business. Mit NLP zum beruflichen Spitzenerfolg. Offenbach: Gabal Verlag.
Stauss, B. & Schöler, A. (2006)	Strategieoptionen im Beschwerdemanagement. Diskussionspapier. Ingolstadt.
Stauss, B. & Seidel, W. (2007)	Beschwerdemanagement. Unzufriedene Kunden als profitable Zielgruppe. 4. Auflage. München: Hanser Verlag.
Ullmann, T. & Peill, E. (1995)	Beschwerdemanagement als Mittel zur Kundenbindung, in: Versicherungswirtschaft, o. Jg., Nr. 21, S. 1516-1519
Vogel, I. (2006)	So reden sie sich an die Spitze. Sprache als Erfolgsinstrument. 3. Auflage. Berlin: Ullstein.
Watzlawick, P. & Beavin, J. & Jackson, D. (2007)	Menschliche Kommunikation. Formen Störungen Paradoxien. 11. Auflage. Bern: Verlag Hans Huber

ABBILDUNGSVERZEICHNIS

Abb. 1: Basisstrategien im Beschwerdemanagement (Quelle: Stauss & Seidel, 2007, S. 106) 16

Abb. 2: Hybride Strategieoptionen im Beschwerdemanagement (Quelle: Stauss & Seidel, 2007, S. 109) 17

Abb. 3: Beschwerdemanagement als Kundenbindungsprogramm (In Anlehnung an Haas & von Troschke, 2007, S. 21) 22

Abb. 4: Entstehung von Beschwerdezufriedenheit/-unzufriedenheit (Quelle: Stauss & Seidel, 2007, S. 71) 23

Abb. 5: Dimensionen der Beschwerdezufriedenheit (Quelle: Stauss & Seidel, 2007, S. 72) 24

Abb. 6: Idealtypische Organisationsstruktur der operativen Einheit eines Beschwerde-Centers (in Anlehnung an Stauss & Seidel, 2007, S. 542) 49

Abb. 7: Empfehlung für ein mögliches Organigramm des Beschwerdemanagements 98

Abb. 8: Das Beschwerdemanagement im Überblick (Quelle: Stauss & Seidel, 2007, S. 89) 101

ANHANG

Anhang 1: Glossar

Beschwerden	Beschwerden sind „Artikulationen von Unzufriedenheit, die gegenüber Unternehmen oder auch Drittinstitutionen mit dem Zweck geäußert werden, auf ein subjektiv als schädigend empfundenes Verhalten eines Anbieters aufmerksam zu machen, Wiedergutmachung für erlittene Beeinträchtigung zu erreichen und/oder eine Änderung des kritisierten Verhaltens zu erreichen". (Stauss & Seidel, 2007, S. 49)
Beschwerdemanagement	Das Beschwerdemanagement ist Teil des Kundenbindungsmanagements. Zielgruppe seiner Aktivitäten sind diejenigen unzufriedenen Kunden, die sich mit einer Beschwerde an das Unternehmen wenden. Ziel des Beschwerdemanagements ist es, die aufgrund der Unzufriedenheit gefährdete Kundenbeziehung zu stabilisieren. (Stauss & Seidel, 2007, S. 34)
Callcenter	Als Callcenter wird ein Unternehmen oder eine Organisationseinheit bezeichnet, in dem Marktkontakte telefonisch aktiv (*Outbound*) oder passiv (*Inbound*) hergestellt werden. Das Callcenter wird sowohl für Serviceangebote als auch für den Telefonverkauf (Direktmarketing) genutzt.
Complaint-Ownership-Prinzip	Dieses Prinzip besagt, daß derjenige für die Erfassung und Bearbeitung einer Beschwerde verantwortlich ist, dem gegenüber sie zuerst artikuliert wurde. Ihm „gehört" das Problem. Für die Zeit der Fallbearbeitung gehört ihm entsprechend auch der Kunde.
CRM	Customer-Relation-Management = Kundenbeziehungs-Management

CRM-Software	Das primäre Ziel dieser Software ist es, Unternehmen bei der Umsetzung von mehr Kundenorientierung und Kunden-Beziehungs-Management zu unterstützen. Weitere Ziele von CRM-Software sind demzufolge: Identifizierung der (potenziellen) Kunden, Sichern und Ausbauen der Bestandskunden sowie Definition und stetiger Ausbau des Kundenwerts. CRM-Software integriert dazu Anwendungen und Funktionen aus Vertrieb, Marketing, Callcenter und Service, damit alle Mitarbeitenden im Idealfall mit einer unternehmensweit identischen Kundendatenbasis arbeiten.
E-Mail-Response-Management-System (ERMS)	Solche Systeme analysieren per E-Mail eingehende Serviceanfragen, filtern und kategorisieren diese und leiten sie inklusive eines Lösungsvorschlags an den zuständigen Servicemitarbeiter weiter.
Emotionale Intelligenz (EQ)	Die emotionale Intelligenz (auch emotionale Kompetenz genannt) ist die Fähigkeit, mit eigenen und fremden Gefühlen umzugehen, sie im konkreten Kontext richtig zu bewerten und so Konflikte und Streß zu vermeiden.
Empathie	Fähigkeit des Einfühlens, Einfühlungsvermögen. Dies ist nicht zu verwechseln mit einem zustimmenden Verständnis, mit dem die Mitarbeiter auf die vom Kunden geschilderte Situation eingehen können.
Enterprise Resource Planning (ERP)	Planung des Einsatzes resp. Verwendung der Unternehmensressourcen. Der Terminus bezeichnet die unternehmerische Aufgabe, die in einem Unternehmen vorhandenen Ressourcen (Kapital, Betriebsmittel oder Personal) möglichst effizient für den betrieblichen Ablauf einzuplanen. Der ERP-Prozess wird in Unternehmen heute häufig durch entsprechende ERP-Software unterstützt.
Kontinuierlicher Verbesserungsprozess (KVP)	KVP ist ein Grundprinzip im Qualitätsmanagement und unverzichtbarer Bestandteil der ISO 9001. Im Vordergrund stehen dabei Kundenorientierung und Produktqualität. Es geht um eine stetige Verbesserung (in kleinen Schritten) der Produkt-, Prozeß und Servicequalität.

Kundencoach	Den Kundencoach gibt es sowohl im Beschwerdemanagement als auch als zusätzliche Funktion in der Beratung (Pre- und Postsales-Phase). Er ist der verantwortliche Ansprechpartner bei Beschwerden und kümmert sich um ihre Bearbeitung.
Kundenmobbing	Ignorieren und Vernachlässigen der Kundenbeschwerden – bis zum Verärgern und Vertreiben der Kunden.
Kundenorientierung	Hier geht es um die Hinwendung und Ausrichtung eines Unternehmens zum Kunden. Eine fehlende Orientierung an den Kundenwünschen kann den Umsatz mindern. Die Ursachen einer mangelnden Kundenorientierung liegen häufig in der Kultur, der Struktur oder den Prozessen eines Unternehmens
Kundenpflege	Interaktion eines Unternehmens mit Neukunden oder Bestandskunden. Dabei geht es um Kontaktpflege, Kommunikation, Beratung, persönliches Auftreten oder den Umgang mit Beschwerden. Ziel der Kundenpflege ist es, Kunden zu binden, zu Stamm- und Empfehlungskunden zu machen oder zurückzugewinnen.
Multichannelling	Moderne Serviceorganisation, die der Kunde auf mehreren Kommunikationskanälen erreichen kann: Telefon, Brief, Fax, E-Mail oder Internet.
Neurolinguistisches Programmieren (NLP)	Von Bandler und Grinder entwickeltes psychologisches Konzept für Kommunikation und Veränderung, das heute ganz besonders von den Menschen nachgefragt und genutzt wird, beruflich mit Kommunikation zu tun haben.
Postsales	Aktivitäten in der Phase nach dem Verkauf eines Produkts oder einer Dienstleistung an den Kunden.
Presales	Alle Tätigkeiten und Aufgaben, die vor der eigentlichen Verkaufsphase liegen.
Reaktionsfähigkeit	An der Reaktionsfähigkeit des Kundencoach zeigt sich, ob er die Wünsche seines Kunden verstanden hat und wie kompetent und schnell er darauf eingehen kann – etwa mit Lösungsvorschlägen.

Reklamation	Reklamation bezeichnet „die Teilmenge von Beschwerden, in denen Kunden in der Nachkaufphase Beanstandungen an Produkt oder Dienstleistung explizit oder implizit mit einer rechtlichen Forderung verbinden, die gegebenenfalls juristisch durchgesetzt werden kann". (Stauss & Seidel, 2007, S. 50)
Self-Service-Portal	Für den Kunden rund um die Uhr bequem zu erreichendes Kundenportal im Internet. Er kann dort Fragen stellen, Dokumente herunterladen, Service anfordern und den Status von aktuellen oder früheren Serviceanfragen einsehen.
Soziale Kompetenz	Komplex all der persönlichen Fähigkeiten und Einstellungen, die dazu beitragen, das eigene Verhalten von einer individuellen auf eine gemeinschaftliche Handlungsorientierung hin auszurichten. Sozial kompetentes Verhalten verknüpft die individuellen Handlungsziele von Personen mit den Einstellungen und Werten der Gruppe.
Unternehmenskultur	Auch als „Organisationskultur" bezeichnet. Der Begriff stammt aus der betriebswirtschaftlichen Organisationstheorie und beschreibt die Entstehung, Entwicklung und den Einfluß kultureller Aspekte innerhalb von Organisationen. Die jeweilige Unternehmenskultur wirkt auf alle Bereiche des Managements ein (Entscheidungsfindung, Beziehungen zu Kollegen, Kunden und Lieferanten, Kommunikation usw.). Jede Aktivität in einer Organisation ist durch ihre Kultur gefärbt und beeinflußt. Das Verständnis der Organisationskultur erlaubt es den Mitarbeitern, ihre Ziele besser verwirklichen zu können, und den Außenstehenden, die Organisation besser zu verstehen.

Anhang 2: diverse Checklisten

Checkliste zur Gesprächsvorbereitung:
- Wem gehört der Kunde? (interne Zuständigkeit und Verantwortung)
- Welche Beschwerde hat der Beschwerdeführer?
- Was weiß ich über den Beschwerdeführer?
- Welche Funktion hat er?
- Welche Dienstleistungen/Produkte hat er bereits von uns in Anspruch genommen?
- Was ist mein Ziel?
- Wie gestalte ich einen freundlichen Gesprächseinstieg?
- Wie drücke ich meine Wertschätzung und mein Verständnis aus?
- Welche Lösung will ich vorschlagen?
- Wo sehe ich Schwierigkeiten und mögliche Einwände?
- Welche Argumente können nützlich sein?
- Was ist meine Rückzugsposition (Kompromiß)?
- Wie fasse ich kurz zusammen?
- Wie gestalte ich einen positiven, versöhnlichen Abschluß?
- Wie verbleibe ich mit dem Kunden?

Checkliste zur Gesprächsnachbereitung:
- Was habe ich erreicht?
- Welchen Eindruck habe ich persönlich vom Gespräch?
- Wo gab es Schwierigkeiten? Welche Einwände kamen?
- Was habe ich gut gemacht?
- Wie schätze ich meinen Gesprächspartner ein?
- Welche Fragen sind noch offen? Und mit wem muß ich sie klären?
- Was habe ich versprochen?
- Was muß ich noch erledigen?
- Wen muß ich noch informieren?

Checkliste zur Beschwerdeauswertung und Controlling
- Auf welchen Kommunikationskanälen ist das Unternehmen zu erreichen?
- Wie häufig wird welcher Kanal benutzt?

- Wie schnell ist der Kundenservice zu erreichen?
- Wie schnell werden Beschwerden zufriedenstellend bearbeitet?
- In wie viel Prozent der Fälle kann der First-Level-Support (im Dienstleistungssektor ist dies ein Callcenter und/oder Service Center) das Problem lösen?
- Wie oft ist der First-Level-Support überfordert? (entsprechend auch das Callcenter und/oder Service Center)
- Wie viele Kontakte werden benötigt, um den Kunden zufriedenzustellen? (Durchschnittlich, Best Case, Worst Case)
- Wie viele Verbesserungsvorschläge haben wir dadurch erhalten?
- Welche Verbesserungsvorschläge wurden konkret umgesetzt und in welcher Zeit?
- Hat sich die Situation, mit Umsetzung der Verbesserungsvorschläge, verbessert? Gibt es dadurch weniger Beschwerden und sind die Kunden zufriedener?
- Wie hoch sind die Kosten für die Beschwerdebearbeitung?

Checkliste zur Beurteilung einer Konflikteskalation

Konfliktindikatoren	Trifft voll zu	Trifft zu	Trifft weniger zu	Trifft nicht zu
1. Die Kommunikation wird steifer und förmlicher	☐	☐	☐	☐
2. Bei Problemen entwickeln sich zunehmend unterschiedliche Ansichten	☐	☐	☐	☐
3. Die Beteiligten zeigen ihre Frustration	☐	☐	☐	☐
4. Es wird über Kleinigkeiten gestritten	☐	☐	☐	☐
5. Es wird mehr nach Schuldigen statt nach Lösungen gesucht	☐	☐	☐	☐
6. Die Beteiligten berufen sich verstärkt auf Verkaufsbedingungen und Verträge	☐	☐	☐	☐

Anhang 3: Fragebogen strategisches Beschwerdemanagement

Checkliste: Strategisches Beschwerdemanagement

Kunden – Kundenorientierung – Kundenbindung

Befragte Person: _____
Funktion: _____
Firma: _____
Datum: _____

1. **Welche Kunden haben Sie?**
2. Welche Kunden kommen wieder?
3. **Womit können Sie Ihre Kunden begeistern?**
4. **Welche Kundengruppe macht den meisten Umsatz?**
5. Welche den geringsten?
6. **Von welcher Kundengruppe kommen die meisten Beschwerden?**
7. **Welche Kunden müssen unbedingt gehalten werden?**
8. Wo können Sie Ihre Position im Markt noch ausbauen?
9. Gibt es Kundengruppen, die zu hohe Kosten verursachen? Welche sind es?
10. Wie wird sich die wirtschaftliche Situation Ihrer Kunden in Zukunft weiterentwickeln?
11. **Was unternehmen Sie, um Ihre Kunden und deren Wünsche kennenzulernen?**
12. Wie messen Sie den Effekt Ihrer Bemühungen um Kunden?
13. Welche fachlichen Kompetenzen müssen alle Mitarbeiter mit Kundenkontakt besitzen?

14. Wer besitzt diese Kompetenzen?

15. Sind alle Mitarbeiter mit Kundenkontakt stets freundlich, wertschätzend und hilfsbereit?

16. **Wie wird Flexibilität im Umgang mit Kundenwünschen gewährleistet?**

17. **Welche Zeitspannen werden zur Erledigung von Beschwerden benötigt, welche Fristen sind wünschenswert?**

18. Wie erreichen Sie es, daß Kunden Wertschätzung erfahren?

19. Wie vermitteln Sie Glaubwürdigkeit und Vertrauen?

20. Wie überbrücken Sie Wartezeiten am Telefon für den Kunden?

21. **Wie und auf welchen Kommunikationskanälen nehmen Sie Beschwerden entgegen?**

22. Welchen Nutzen und welche Vorteile genießt Ihr Kunde,
    a) wenn er Ihr Kunde wird?

    b) wenn er Ihr Kunde bleibt?

23. **Welches sind Ihre momentan größten Schwachstellen im Beschwerdemanagement?**

    1. _____

    2. _____

    3. _____

24. Bemerkungen / Ergänzungen / Wünsche

Vielen Dank für Ihre Unterstützung!